AF221513

Kathrin Hundert

The HEALTH-iator

body mind soul

Haftungsausschluss der Autorin:
Dieses Buch stellt nur meine Meinung und meine Erfahrung dar und soll Anregungen für einen gesunden Lebensstil geben. Es ersetzt aber in keinem Fall einen Arzt und macht keine Heilversprechen. Die hier vorgestellten Methoden repräsentieren keinen wissenschaftlichen Konsens und sind nicht als alleinige Selbsthilfemaßnahme gedacht. Sie sollen unterstützen und sind als Begleitung zu sehen, jedoch hängt das Resultat stark von der jeweiligen momentanen Situation ab und kann von Person zu Person sehr unterschiedlich ausfallen. Alle hier aufgeführten Informationen wendet der Leser eigenverantwortlich an und es wird von der Autorin keine Haftung für die Ergebnisse übernommen.

ISBN 9783752885637
Covergestaltung: VercoDesign, Unna
Korrektorat: teamwork korrekturservice, André Zentzis
Foto der Autorin: Andreas Heindel

Bibliografische Information der Deutschen Nationalbibliothek:
Die Deutsche Nationalbibliothek verzeichnet diese Publikation in der Deutschen Nationalbibliografie; detaillierte bibliografische Daten sind im Internet über http://dnb.dnb.de abrufbar.

© *2018 Kathrin Hundert*

Herstellung und Verlag: BoD – Books on Demand, Norderstedt

Inhalt

Vorwort

Wie schön, dass du mich gefunden hast und nun dieses Buch in den Händen hältst.

Bitte sieh' es nicht als dogmatischen Ratgeber, sondern als Einladung und Inspiration, wie du wieder lernst freudvoll durch dein Leben zu tanzen, anstatt traurig irgendwo am Rand zu stehen. Ich möchte dich auffordern, alles in deinem Leben in Frage zu stellen, alte Konzepte zu verwerfen und dich neu zu erfinden. Ich selbst strenge mich nicht gerne an, aber ich liebe es zu spielen. Daher wünsche ich mir auch, dass du es als Inspiration zum Spiel sehen kannst und dich Stufe um Stufe höher schwingst auf der Pyramide und so den Gipfel des Glücks erreichen kannst.

Dazu möchte ich dir gerne meinen Weg zeigen, wie ich die verschiedenen Themen im Bereich Glück, Gesundheit und Erfüllung angehe und dich anrege, dadurch deinen eigenen ganz persönlichen Weg zu finden, denn ich kenne dich nicht und weiß nicht, was du gerade brauchst. Mit den richtigen Fragen wirst du das allerdings für dich herausfinden und aus meinen Hundert Wegen deinen eigenen machen.

Und noch ein kurzer Hinweis: Du wirst in diesem Buch nicht genau Hundert Wege finden. Sicherlich ist dir aufgefallen, dass es ein Wortspiel mit meinem Nachnamen ist.

Und nun wünsche ich dir ganz viel Spaß dabei, im Labyrinth des Lebens deinen eigenen Weg zu finden.

1. Wer ist der Experte für mich, meinen Körper und meine Bedürfnisse?

Ich möchte dich gerne wieder zum Experten für dich und dein Leben machen. Dich wieder ans Steuer deines Lebens setzen, anstatt nur auf dem Beifahrersitz zu sitzen und dich kutschieren zu lassen, ohne dass du weißt, wo es hingeht.

Zu oft geben wir die Verantwortung für uns und unser Leben ab, weil wir denken, andere kennen sich besser aus und verfügen über mehr Wissen und Können.

Aber woher soll zum Beispiel ein Arzt, der uns 3 Minuten gesehen hat, wissen, was wir gerade brauchen? Woher soll er besser wissen, was uns fehlt, als wir, die wir in diesem Körper wohnen und 24/7 mit uns zusammen sind?

Der menschliche Körper ist viel zu komplex, als dass irgendein Mensch ihn vollends verstehen oder erfassen könnte. Jeder ausgebildete Mediziner sieht immer nur einen kleinen Ausschnitt des menschlichen Körpers.

Dazu kommt noch, dass jeder Körper anders reagiert. Gib' zwei Menschen mit Kopfschmerzen jeweils die gleiche Kopfschmerztablette und sie kann bei beiden eine andere Wirkung haben.

Jeder Körper ist anders. Die Alchemie ist eine ganz andere. Wir haben alle verschiedene Blutgruppen, eine unterschiedliche chemische Zusammensetzung, Anzahl von Blutkörperchen, unterschiedliche Hormonkonzentrationen, Größe, Gewicht, Kondition, Herkunft, Ernährungsweise, Pigmentierung der Haut, verschiedenste Gifte, die in der Leber verstoffwechselt oder im Bindegewebe eingelagert werden. Ich denke, selbst dieser kleine Ausschnitt aus dem Wunder unseres Körpers macht klar, dass wir und unser System in keiner Weise vollends vorhersehbar sind und auf alle Substanzen von außen sogar unterschiedlich reagieren *müssen*, weil wir jeder ein wundervolles Unikat und somit einfach unberechenbar sind. Zudem ist natürlich auch noch jede Psyche völlig anders, weil wir alle eine völlig andere Gedanken- und Gefühlswelt haben, die auch wiederum einen signifikanten Einfluss auf unser Leben und Erleben hat und wieder Rückkopplung auf unsere Biochemie nimmt. Wir sehen, dass Gesundheit und Wohlbefinden ganz individuelle Sachen sind.

So prägt natürlich auch unser Weltbild die Art, wie wir Heilung zulassen können.

Haben wir ein sehr materialistisches Weltbild, dann können wir am besten Heilung zulassen, die dieser Anschauung entspricht. Für uns sind chemische Substanzen, die wir sehen können und von denen wir glauben, dass es wissenschaftlich belegt ist, dass sie wirken, der augenscheinlich beste Weg, um gesund zu werden. Aber wie wissenschaftlich ist es aufgrund unseres komplexen Wesens wirklich, wenn wir sie an einigen tausend Menschen testen? Am Ende wissen wir trotzdem nie, was sie tatsächlich im Körper machen, weil wir nie alle Millionen von Wechselwirkungen einschätzen können, die sie im Körper auslösen. Im Prinzip können wir uns den Körper wie ein riesiges Uhrwerk mit tausenden von kleinen Zahnrädchen vorstellen, die alle irgendwie miteinander in Wechselwirkung stehen. Wenn ich also z.b. ein Hormon in das System Mensch gebe, kann es schon sein, dass ich vorhersagen kann, dass es mit großer Wahrscheinlichkeit eine Wirkung auf ein bestimmtes Organ haben wird, für das es sozusagen zuständig ist, aber da ich niemals das komplette Milieu des Körpers austesten und auswerten kann, kann ich nicht sagen, welche der vielen kleinen Rädchen in meinem Körper sich mitdrehen werden und was sich noch alles etwas im Körper tut. Vielleicht habe ich die Pille genommen und bekomme dadurch Haarausfall - und keiner kann mir wirklich genau sagen, warum. Es gab einfach ein paar Umdrehungen in den Rädchen, die wir nicht vorhersagen konnten, weil diese Rädchen auch bei jedem Individuum eine andere Größe haben und somit eine andere Auswirkung.

Und wie soll ein Arzt, der dich vielleicht erst seit 5 Minuten kennt, es wissen? Ich will damit auf keinen Fall von einem Arztbesuch abraten und dir sagen, dass Diagnosen von Ärzten generell falsch sind, denn es gibt selbstverständlich viele sehr gute Ärzte, aber ich möchte dir zu bedenken geben, dass die Diagnosen nicht unbedingt so verlässlich sind, wie wir uns das wünschen würden. Natürlich gibt es Reaktionen, die ich erwarten kann, aber was es langfristig in meinem Körper auslöst, wenn ich etwas einnehme, das kann niemand wirklich sagen, weil wir es ja auch gar nicht isoliert untersuchen können.

Aber zurück zu unseren Weltbildern, die auch jeweils nur ein bestimmtes Fenster zur Wirklichkeit darstellen, ein Konzept, was uns hilft, uns in der Welt zurecht zu finden.

Wir haben also ein materialistisches Weltbild und kommen gut klar mit sichtbaren und fühlbaren Reizen und mit Dingen, die für uns nachvollziehbar in unser System gegeben werden. Wenn wir uns also vorstellen, wir möchten unseren Blutdruck verändern, kann sich ein materialistisch denkender Mensch sehr gut vorstellen, dass wir das dadurch erreichen, dass wir uns anstrengen. Wir laufen einen Marathon und jedem ist klar, dass sich dadurch unser Blutdruck aus dem Ruhebereich nach oben verschiebt.

Oder aber ich gebe ein Medikament, das durch verschiedene Komponenten eine Wirkung auf unseren Blutdruck hat.

Komme ich aus dem asiatischen Raum, habe ich eventuell ein eher energetisches Weltbild. Mir ist klar, dass Energien meinen Körper steuern und in den sogenannten Meridianen durch meinen Körper fließen. Ich kann mir vorstellen, dass es möglich ist, dass ich diese Energien wieder in Fluss bringe, indem ich verschieden Körperübungen mache oder auch Nadeln setze, die mein System, das aus dem Gleichgewicht gekommen ist, wieder korrigieren. Auch da wäre es möglich, dass ich meinen Blutdruck durch die Nadeln korrigiere.

Dann wird es noch eine Stufe feinstofflicher, wenn ich auf die Informationsmedizin gehe. Schauen wir auf die Homöopathie. Rein stofflich ist in den Mitteln oft so gut wie nichts mehr vorhanden. Oftmals ist es nicht mehr als ein Tropfen des ursprünglichen Stoffes auf das komplette Wasser des Bodensees. Was also wirkt dann dort? Es ist die Information.

Das ist jetzt ein bisschen schwierig vorstellbar, es wird aber anhand eines Beispiels recht schnell deutlich, warum es funktioniert.

Stell dir vor, du erhältst die Information, du hast im Lotto gewonnen. Ist es möglich, dass da dein Blutdruck steigt, ohne dass etwas anderes passieren musste? Du musstest dich weder körperlich betätigen, noch ein Medikament einnehmen oder eine Nadel setzen. Das hast du ganz alleine geschafft, einfach aufgrund einer Information, die du erhalten hast. Du kannst dir die Wirkweise von Homöopathie in etwa so vorstellen, dass wir eine gezielte Information in ein System geben und dadurch eine bestimmte Wirkung erzielen. Doch wir wissen auch, dass der Körper oftmals diese Information gar nicht unbedingt von außen braucht, sondern durchaus auch in der Lage ist, selber bestimmte Substanzen in dem uns innewohnenden chemischen Labor zu mixen und dem Körper zur Verfügung zu stellen. Wir kennen dieses Phänomen zum einen sehr eindrücklich durch Placebos und haben sicherlich schon mehrmals selbst willentlich Krankheit oder Gesundheit "produziert", um entweder aufgrund eines bestimmten Ereignisses krank oder gesund zu sein. Bauchschmerzen und Übelkeit vor einer Mathearbeit haben uns manchmal gerettet. Oder die Verliebtheit, wenn wir die Person unserer Begierde sehen wollten,ganz schnell gesundwerden lassen.

Wir wissen also sehr genau, dass wir selbst Vieles steuern können und dass wir viel seltener krank sind, wenn es uns wirklich gut geht. Wenn wir frisch verliebt sind, ist es uns nahezu unmöglich krank zu werden, weil der Körper voller Glückhormone ist.

Auch wissen wir durch Phänomene, die in der Hypnose möglich sind, dass wir auf Abruf unser chemisches Labor für uns arbeiten lassen können. So ist es zum Beispiel in der Hypnose möglich, uns zu sagen, dass eine brennende Zigarette auf unserer Hand ausgedrückt wird, während es in Wirklichkeit nur ein Stift ist, aber unser Gehirn erzeugt trotzdem eine Brandblase. Das zeigt einfach, wie kraftvoll unser Gehirn und unsere Vorstellungskraft ist. Leider nutzen wir es zu 95 % in die entgegengesetzte Richtung und schaden und schwächen uns dadurch eher. Wie oft machen wir uns Sorgen und leben in einer Welt voller Drama und Unfällen und verschwenden so kostbare Energie für Dinge, die niemals eintreten werden? Wir führen ein Leben mit angezogener Handbremse und wundern uns, warum wir abends müde und kaputt ins Bett fallen.

Viele dieser Muster möchte ich gerne mit dir zusammen auflösen, die dazu führen, dass dir kostbare Energie genommen wird.

In der Kampfkunst heißt es, wir müssen dafür sorgen, dass unser Messer nicht stumpf wird. An welcher Stelle geschieht es, dass deine Klinge stumpf wird? Wo verschwendest du Energie, die du eigentlich viel sinnvoller nutzen könntest? Wo kannst du ansetzen effizienter zu sein?

2. Wie kann ich wieder der Experte für mein Leben werden?

Hier möchte ich dir etwas erklären, was fast alle in der heutigen Welt vergessen haben: dass Dinge grundsätzlich immer einfach sind. Die Genialität liegt im Einfachen und Offensichtlichen. Wenn es einfach ist, dann ist es von Gott. Und wenn du mit dem Begriff Gott nicht so viel anzufangen weißt, dann wisse, dass es ein Prinzip der Natur ist, alles immer so einfach wie möglich zu gestalten. Dort werden die Dinge immer auf dem Weg erschaffen, der möglichst wenig Energie verbraucht. Die Natur geht den einfachen Weg und erschafft auf energetisch niedrigem Niveau, denn dort sind die Prozesse harmonisch und die Natur strebt nach Ausgleich und Harmonie.

Um das zu verdeutlichen, nehmen wir eine Zahl, die wahrscheinlich vielen bekannt ist: 1,618.

Sagt dir nichts?

Es ist die Zahl des goldenen Schnitts, die vielfach in der Architektur angewendet wird und auch in der Kunst sehr beliebt ist. Laut Wikipedia ist die Definition des goldenen Schnitts:

"Als goldener Schnitt wird das Teilungsverhältnis einer Strecke oder Größe bezeichnet, bei dem das Verhältnis des Ganzen zu seinem größeren Teil dem Verhältnis des größeren zum kleineren Teil entspricht."

Siehst du, wie einfach alles ist?

Noch nicht?

Okay, dann noch eine Erläuterung. Der goldene Schnitt hat sein Vorbild in der Natur. Dort werden die

Blätter und Blütenstände nach dem goldenen Schnitt aufgebaut und es wirkt für uns alle sehr harmonisch. Jetzt sieht die Zahl 1,618 auf den ersten Blick ja gar nicht besonders einfach aus, aber es gibt die Möglichkeit, diese Zahl nicht als Dezimalzahl, sondern als Kettenbruch darzustellen und dann erkennen wir die Einfachheit:

$$\Phi = 1 + \frac{1}{\Phi} = 1 + \cfrac{1}{1 + \frac{1}{\Phi}} = \cdots = 1 + \cfrac{1}{1 + \cfrac{1}{1 + \cfrac{1}{1 + \cfrac{\cdots}{\cdots + \frac{1}{\Phi}}}}}$$

Du siehst, es tauch immer nur die Zahl 1 auf in der Programmiersprache der Natur, denn sie geht immer den Weg des geringsten Widerstandes und genau darin liegt die Genialität. Die Welt ist gar nicht so kompliziert, wie es uns glauben gemacht wird. Oftmals wird die Wahrheit eben nur durch Komplexität verschleiert, damit es nicht so leicht durchschaut wird. Aber es IST tatsächlich einfach, weil es dann der Natur entspricht und wir sind alle ein Teil der Natur.

In diesem Buch geht es viel um Prinzipien und das ist unser

Prinzip Nummer 1:
Alles ist einfach und in der Einfachheit liegt die Genialität.

Wie werden wir also zum Experten für unseren Körper? Auch das ist wieder einfach, weil du in deinem Körper wohnst und alle Antworten auf alle Fragen, die du hast, in dir sind.
Jetzt geht es nur noch darum, wie wir an diese Antworten kommen.
Auch das ist ziemlich einfach und auch schon unser

Prinzip Nummer 2:
Stelle Fragen und halte Ausschau nach der Antwort.

Da liegt nun das Problem, das wir Schritt für Schritt aus der Welt schaffen werden:
Wir haben es komplett verlernt, auf uns und unsere Wahrheit zu hören, weil man uns praktisch von Anfang an entmündigt hat und viele Dinge im Außen sozusagen unumstößlich als Wahrheit festgelegt wurden. Wir haben so viele komplizierte Dinge gelernt und dadurch die Genialität des Einfachen vergessen. Deswegen geht es vielmehr darum, Dinge zu vergessen, anstatt noch mehr zu lernen und dadurch zu uns selbst zu finden.
Jetzt machen wir uns an die wunderschöne und spannende Aufgabe, uns selbst wieder ganz neu zu entdecken und uns, vielleicht zum ersten Mal in unserem

Leben, wirklich kennen zu lernen. Ich glaube, es ist definitiv an der Zeit, endlich herauszufinden, wer wir sind und uns die folgende Frage zu stellen:

Wer bin ich, wenn ich wirklich ich bin?

Deine Eltern wussten immer, was es zu essen geben soll, wie viel du essen sollst und zu welcher Zeit, wann es Zeit für dich ist ins Bett zu gehen und wann du wieder aufstehen sollst. Welche Sachen du anziehen sollst, wie viele Süßigkeiten gut für dich sind, wie viele Kinder du zu deinem Kindergeburtstag einladen darfst etc.

Bei vielen Dingen haben wir uns unsere Freiheit wieder erkämpft und können nun zum Beispiel selbst entscheiden, wann wir was essen möchten. Das blöde ist jetzt nur, dass wir oftmals gar nicht mehr wissen, was gut für uns ist und was nicht, weil wir nicht von Anfang an auf unsere Stimme hören durften und es nun in vielen Bereichen einfach verlernt haben.

Das ist jetzt ein innerer Prozess, dem wir uns langsam annähern müssen. Wir sind es nicht gewohnt, Antworten im Innern zu suchen anstatt einen Fachmann im Außen zu konsultieren.

Aber du hast einen wahnsinnig weisen Experten in dir wohnen, der auf jede Frage, die dich betrifft eine Antwort parat hat. Höre auf diese anfänglich sehr leise Stimme, die sich vielleicht auch noch gar nicht so richtig traut gehört zu werden, sondern lieber erstmal ein Zeichen schickt, wie z. B. ein Gefühl. Aber damit kannst du schon einmal sehr viel anfangen. Beginne wieder, mit deinem Körper zu kommunizieren.

Mache es zu deiner Angewohnheit, dich selbst in alles mit einzubeziehen. Das klingt jetzt vielleicht ein bisschen merkwürdig, aber hat dein Körper nicht das Recht, zum Beispiel die Nahrung zu bekommen, die er wirklich gut verarbeiten kann? Das Duschgel zu benutzen, was ihm auf der Haut tatsächlich guttut und schlussendlich auch mit den Menschen Zeit zu verbringen, die ihm guttun, damit er uns die optimale Energie und Leistung liefern kann? Bei einem guten Freund kämen wir nie auf die Idee, ihn einfach so zu übergehen. Wir würden immer nachfragen, was er am Wochenende tun will, wenn wir ihn zum Essen einladen, was ihm schmeckt und was ihm generell Freude macht. Bitte behandele dich selbst ab heute wie deinen allerbesten Freund und wertvollsten Besitz und frage immer nach, was du gerne hättest.

Du stellst einfach die Frage, wenn du vor deinem Kühlschrank stehst und ein Gemüse aussuchen möchtest. „Möchtest du heute rote Paprika essen?"

Wenn es ein „Ja" ist, dann fühlt es sich immer leicht an, während ein „Nein" immer ein bisschen ein Gefühl der Schwere mit sich bringt. Du kannst auch eine Technik aus der Kinesiologie anwenden. Da nehmen wir die rote Paprika in die Hand, halten sie vor unseren Bauch und beobachten, ob wir eher nach vorne kippen, was „Ja" bedeutet, oder nach hinten, was für „Nein" steht. Das ist das sogenannte Körperpendel. Ich werde die Übung am Ende des Kapitels noch einmal genau für dich beschreiben.

Gut ist es natürlich, wenn du das bereits im Supermarkt machst, bevor du Dinge kaufst, die dir eigentlich nicht guttun.

Auf das Thema Ernährung gehen wir später aber auch noch gesondert ein.

Für den Augenblick ist es erst einmal wichtig, dass wir mit uns selbst in diese leicht auszuführende Kommunikation kommen und den Kontakt aufnehmen. Es gibt dazu viele Wege und Möglichkeiten und ich stelle dir eine kleine Auswahl davon vor, mit denen ich persönlich am besten klarkomme und lade dich ein, den davon auszuwählen, der am besten zu dir passt.

Mir fällt es auch besonders leicht, wenn ich mir ein großes Flipchart-Papier nehme, meine Frage notiere und dann alles aufschreibe, was mir gerade dazu einfällt.

Achtung, wir sind ziemlich weise, wenn wir es zulassen und es kommen oft sehr erstaunliche Dinge dabei heraus und wir erkennen Zusammenhänge, die uns vorher überhaupt nicht klar waren.

Ich mache das für alle möglichen Themen.

Wenn ich hier dieses Buch schreibe, stelle ich Fragen zu den Themen, über die ich schreiben möchte, wenn ich lerne, stelle ich mir Fragen zu dem Thema, was ich lerne oder ich stelle mir Fragen, die mich in meinem Leben weiterbringen.

Hier kannst du dir einmal anschauen, wie so etwas
bei mir aussieht:

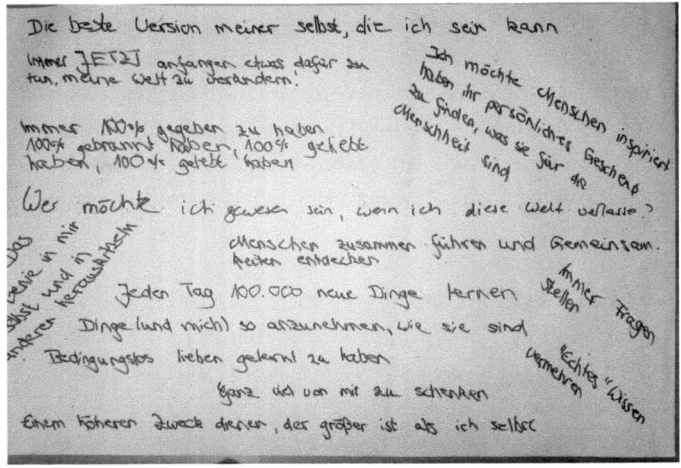

Vielleicht wunderst du dich etwas über meine komi-
sche Schrift.
Es ist so, dass ich die Frage ganz normal mit rechts
schreibe und die Antworten, die mir dazu einfallen,
verfasse ich mit links. Das hat den Hintergrund, dass
wenn wir die linke Körperhälfte benutzen, die rechte
Gehirnhälfte aktiviert wird. Da die rechte Gehirnhälfte die kreative, bildliche und intuitiv arbeitende Gehirnhälfte ist, kommen wir dadurch an viel tiefere
Informationen als mit der linken logisch denkenden
Gehirnhälfte.

In der folgenden Abbildung siehst du die Wirkweise der beiden Gehirnhälften im Überblick:

Linke Gehirnhälfte	Rechte Gehirnhälfte
Logische Gedankengänge	*Abstrakte Gedankengänge*
Kurzzeitgedächtnis	*Langzeitgedächtnis*
Langsamer Input	*Schneller Input*
Detaillierte Analyse	*Verwandelt Informationen in ein komplettes Bild*
Linear	*Kreativ, bildlich*
Basiert auf unseren Sinnen (Sehen, Hören, Riechen, Schmecken, Tasten)	*Basiert auf unserer Intuition*
Mag sich wiederholende Informationen	*Saugt alle Informationen auf wie ein Schwamm*
Verarbeitet Informationen nacheinander	*Verarbeitet alle Informationen auf einmal*

Wenn ich also an Informationen kommen möchte, die über mein normales Alltagsbewusstsein hinausgehen, stimuliere ich sehr gerne meine rechte Gehirnhälfte. Am allerbesten ist es natürlich, wenn beide Gehirnhälften optimal zusammenarbeiten. Eine einfache Übung, um beide Gehirnhälften zu synchronisieren, ist, wenn du dir eine liegende Acht vorstellst und sie mit dem Blick nachmalst, so dass deine Augen praktisch in der Form einer liegenden Acht geführt werden.

Ein weiterer einfacher Punkt, wie du mehr von deiner Gehirnkapazität nutzen kannst, ist, wenn du die Frequenz deiner Gehirnwellen änderst.

Das kann zum einen geschehen, wenn du meditierst, aber ich erwarte natürlich nicht, dass du immer erst stundenlang meditierst, bevor du bereit bist.

Eine andere, wesentlich leichtere Methode ist, dass du deinen Blick 45° nach oben wendest. Das fühlt sich ein bisschen so an, als wolltest du von innen gegen deine Augenbrauen schauen.

Durch diesen sogenannten Alpha-Zustand, einem bestimmten Frequenzmuster im Gehirn, kommen wir mit dem kreativen Teil unseres Geistes in Kontakt. Nutze diesen Zustand also auch, wenn du anderweitig kreativ sein möchtest. Wenn du Gedichte verfassen möchtest, malen, schreiben, musizieren willst etc. Das alles geht in „Alpha" viel besser, als wenn wir nur in unserer verstandesorientierten linken Gehirnhälfte sind, denn so clever unser linkes Gehirn auch ist, das Wissen von dort ist begrenzt - und warum nicht alle Ressourcen ausschöpfen, die uns zur Verfügung stehen?

Hundert Übungen für den Kontakt mit dem Experten in dir:

Das Körperpendel

Der Hintergrund zu dieser Übung ist, dass alles auf dieser Welt ein Energiefeld hat. Unser Unterbewusstsein nimmt dieses wahr und weiß sofort, was zu uns passt und was nicht. Deswegen können wir auch auf den ersten Blick sagen, ob uns ein Mensch sympathisch ist oder nicht, auch wenn er noch kein einziges Wort zu uns gesagt hat. Wenn etwas zu uns passt, dann fühlen wir uns dazu hingezogen, während wir uns abgestoßen fühlen, wenn etwas nicht passt. Das können wir testen und für uns spürbar machen. Du fängst als erstes an, dieses "Ja-/Nein-System" mit deinem eigenen Namen zu testen. Stelle dich bequem hin, das Gewicht gleichmäßig auf beide Füße verteilt. Dann sage: „Ich heiße..." und nenne dabei deinen korrekten Namen. Du fühlst in deinem Körper eine Bewegung nach vorne. Dann teste umgekehrt aus, was passiert, wenn du einen falschen Namen nennst. Dabei kippst du nach hinten. Wenn du den Unterschied sicher wahrgenommen hast, kannst du dich zu deinem Obstkorb oder deinem Kühlschrank begeben und verschiedene Dinge in die Hand nehmen. Kippst du dabei leicht nach vorne, dann fühlt sich dein Körper sozusagen dazu hingezogen und es ist gut für ihn, während er sich von anderen Lebensmitteln, die ihm nicht guttun, abgestoßen fühlt und er nach hinten kippt, wie als wollte er ihnen ausweichen. Das kannst du auch im Supermarkt machen, ohne dass es jemandem auffällt und so für dich herausfinden, was dir wirklich guttut und was nicht. Du kannst damit selbstverständlich auch andere Sachen testen, wie zum Beispiel ein Urlaubsziel, einen Umzug in eine andere Wohnung, deine Arbeitsstelle etc.

Fragen stellen

In Fragen steckt für mich das allergrößte Potenzial, weil sie den Raum öffnen und einen völlig neuen Blickwinkel ermöglichen. Ich stelle eine Frage und schaue, welche der Antworten sich wie anfühlt. Fühlt es sich leicht an, dann ist es ein "Ja", fühlt es sich schwer an, dann bedeutet das "nein".

Wenn ich keine Frage habe, die mit ja oder nein beantwortet werden kann, sondern eine offene Frage, deren Antwort mir sehr am Herzen liegt, dann nehme ich mir etwas mehr Zeit und Raum. Gut eignet sich für den Fall ein Flipchart-Papier, auf das ich in die Mitte meine Frage platziere und dann einfach alles aufschreibe, was mir spontan dazu einfällt, egal, ob es auf den ersten Blick Sinn macht, oder nicht. Es darf einfach alles ohne Bewertung aus mir herausfließen.

Synchronisation beider Gehirnhälften

Dazu gibt es ziemlich viele Übungen, deren Nutzen nicht ausschließlich auf Verbesserung des Denkvermögens abzielt, sondern auch dazu dient, dass Depressionen abgebaut werden, und wir uns ausgeglichener fühlen. Der Grund dafür ist der, dass bei einer solchen Missempfindung zu viel Aktivität in der rechten, emotionalen Gehirnhälfte ist und zu wenig in der linken. Du könntest es ausgleichen, indem du deinen

Verstand aktivierst, Rechenspielchen machst, Denkaufgaben löst etc.

Du kannst jonglieren, Übungen für deine Balance machen oder Dinge tun, die du normal anders machst. Das können Dinge sein wie Rückwärtsgehen, die Zähne mit der anderen Hand putzen, mit der "falschen" Hand schreiben etc.

Es gibt für den sogenannten Hemisphärenausgleich auch nützliche Videos auf YouTube, die zum Beispiel unter

Hemisphärensynchronisation, Hemi sync oder Binaural beats zu finden sind.

Du kannst es natürlich auch komplett ohne Hilfsmittel machen und entweder eine liegende Acht visualisieren, die du in Gedanken auf dem "Boden" deines Gehirns platzierst und nachfährst oder du malst sie mit den Augen in die Luft, so groß es geht.

45-Grad-Übung

Eine weiter Methode, die dazu führt, dass du deine Gehirnfrequenz absenkst, wodurch du entspannter bist und sozusagen einen meditativen Zustand erreichst, ist die, dass du 45 Grad nach oben schaust, was so ist, als würdest du von innen gegen deine Augenbrauen schauen.

3. Wie kann ich achtsamer werden?

Es ist unglaublich wichtig, wieder achtsamer mit dir, deinem Körper und insgesamt in deinem Leben zu werden, damit du nicht weiter so ferngesteuert herumläufst wie bisher.

Nicht im Augenblick zu sein bedeutet, dass wir den Moment nicht bewusst wahrnehmen. Wie oft stehen wir morgens unter der Dusche und sind gedanklich schon beim Frühstück? Beim Frühstück sind wir aber innerlich auf dem Weg zur Arbeit. Im Auto dann schon mental im Büro. Dort sind wir dann mit unseren Gedanken schon wieder in der Freizeit und überlegen uns, was wir nach der Arbeit noch schnell im Supermarkt besorgen müssen und was wir den Kindern zu essen kochen möchten. Wir überlegen uns, wie wir die Rechnungen bezahlen, wohin wir in den Urlaub fahren werden und wenn wir mit jemandem reden, dann überlegen wir uns entweder schon unsere Antwort oder sind ganz woanders. Ich habe mal gehört, dass wir dadurch nur etwa 30 % von dem mitbekommen, was unser Gegenüber sagt. Wenn sich also Frauen darüber beschweren, dass Männer nicht zuhören, dann haben sie absolut Recht! Das Problem ist nur, dass sie umgekehrt auch nicht zuhören.

Merkst du etwas?

Das Licht ist zwar an, aber es ist eigentlich nie jemand zu Hause!

Und das ist traurig, denn diese Lebenszeit, die du nicht wirklich anwesend bist, sondern nur auf Autopilot läufst, ist vergeudete Zeit, in der du gar nicht wirklich lebst. Du bist gar nicht da, sondern nur deine leere Hülle, die als Platzhalter für dich dient.

Bitte nimm deinen Platz wieder selbst ein! Sei im Augenblick, wohne wieder in deinem Körper, nimm wieder Besitz von dir und sei mit jeder Faser ganz dabei, anstatt nur als Beobachter neben dir zu stehen. Flüchte nicht aus dem Moment, sondern nimm ihn bewusst wahr. Denn wenn wir den Moment nicht bewusst und komplett wahrnehmen, kostet auch das wieder ganz viel Energie. Zum einen, weil wir mehrere Dinge gleichzeitig tun, die aber nicht effizient sind, weil wir beides nur halbherzig tun und es gar keinen Sinn macht, uns Gedanken über Dinge zu machen, die zu 99 % nie eintreten werden. Versuche immer ganz bei der Sache zu bleiben. Sei bei deinem Gesprächspartner, wenn du mit ihm redest und nimm ihn komplett wahr. Stelle ihm Fragen und überlege nicht schon deine Antworten. Deine Antworten kennst du schon und deine Geschichten hast du schon tausendmal gehört und erlebt. Sei im Augenblick, denn sonst verpasst du dein Leben.

Hole dich so oft wie möglich im Alltag wieder zurück, wenn du merkst, dass du nicht da bist. Verbringe die Zeit wirklich im Moment und flüchte nicht. Nimm bewusst wahr, was du gerade genau fühlst, wenn du auf deinem Stuhl sitzt.

Was riechst du?

Was hast du für einen Geschmack im Mund?

Was siehst du?

Diese leichte Übung wird in deinem Leben komplett alles verändern.

Nicht nur für dich, sondern auch für deine Mitmenschen.

Sei immer ganz da bei dem, was du tust. Sei komplett dabei. Gib 100 % und tue die Dinge, die du tust, mit Liebe oder lasse sie sein.

Du wirst merken, was es für einen Unterschied macht. Ich selbst arbeite unter anderem in der Physiotherapie und merke es ganz extrem an der Qualität meiner Behandlungen. Es macht so einen Unterschied, wenn ich wirklich ganz bei meinen Patienten bin, während ich sie behandele. Es geht schon damit los, ihnen wirklich zuzuhören. Warum sind sie da? Was ist ihr Ziel? Was möchten sie mit der Behandlung erreichen? Was kann ich dafür tun, damit wir zusammen genau dieses Ziel erreichen können? Wie kann ich genau in dem Augenblick die beste Therapeutin für meinen Patienten sein, die ich sein kann?

Wenn ich 100 % bei den Leuten bin, dann ist das Resultat um einiges besser und die meisten Patienten sagen, es sei die beste Behandlung, die sie je bekommen haben. Und das liegt nicht daran, dass ich die beste Therapeutin dieser Welt bin, sondern einfach daran, dass ich wirklich anwesend bin, wenn ich Zeit mit ihnen verbringe. Das macht einen Unterschied.

Egal, was du tust,
sei wirklich da, wenn du da bist. Gib alles, denn das macht dich wesentlich glücklicher und ist wiederum eines unserer Prinzipien, wie wir dafür sorgen, dass unser Messer nicht stumpf wird.

Das 3. Prinzip lautet:
Sei ganz dabei.

Ich habe vor einigen Jahren ein Grundstudium Betriebswirtschaft gemacht und alle haben gedacht, es würde überhaupt nicht zu meinen anderen Berufen passen. Und doch hat natürlich auch die Betriebswirtschaft ein paar Prinzipien, die universell auf alles anwendbar sind.

Unser 4. Prinzip hier ist:
Sei ökonomisch.

Du kannst aber nur ökonomisch sein, wenn du ganz bei dir bist. Nur dann kannst du dich beobachten und deine Prozesse optimieren. Stopp den Gedankenmüll, der von dir produziert wird und dir deine Energie entzieht.

Optimiere die Abläufe, die du gerade durchläufst. Wie sitzt du gerade auf dem Stuhl? Brauchst du dabei die Spannung in den Schultern und in deinen Waden oder ist das vergeudete Energie? Brauchst du wirklich so viel Kraft, um den Text zu schreiben? Muss der Kiefer wirklich dabei angespannt sein? Du entdeckst auf einmal so viele Möglichkeiten, Energie einzusparen und wie du viel leichter und entspannter durch den Tag gehen kannst. Dein Körper wird es dir danken, dass du wirklich da bist.

Wenn du mit Freunden zusammen bist, bist du wirklich mit ihnen zusammen.

Wenn du arbeitest, dann arbeitest du.

Wenn du lachst, dann lachst du.

Wenn du tanzt, dann tanzt du.

So hast du dann auch immer viel mehr Energie für die Dinge in deinem Leben übrig, die dir wirklich wichtig sind, einfach dadurch, dass du dich beobachtest und überflüssige Energie rausnimmst. Wie du das in den verschiedenen Lebensbereichen anwenden kannst, werden wir noch sehen.

Für den Moment kommt es uns nur auf das Prinzip an.

Es zählt immer nur der Moment, den du gerade erlebst. Die Vergangenheit ist vergangen und die Zukunft existiert noch nicht. Wenn du also wirklich leben willst, sei in diesem Moment, denn das Jetzt ist der Moment, der zählt.

Glaubst du an ein Leben vor dem Tod?

Dann komm in den Moment und feiere ihn, als gäbe es kein Morgen mehr.

Und am Ende wissen wir natürlich auch tatsächlich nie, ob es noch ein Morgen gibt. Alles was zählt ist das Hier und Jetzt.

Deswegen lebe jeden Tag so, als wäre es ein in sich abgeschlossenes Leben.

Mach jeden Tag Dinge, die dir guttun. Triff dich mit Menschen, die du liebst und lass sie wissen, wie sehr du sie schätzt und wie dankbar du für sie bist. Trage deinen liebsten Pullover, trink aus deinen besten Gläsern und feiere dein Leben und die Menschen, die dich umgeben.

Hundert Wege zu mehr Achtsamkeit:

Halte inne

Halte über den Tag verteilt immer mal wieder inne und sei ganz im Hier und Jetzt. Spüre in dich hinein und nimm dich wahr. Wo hast du Spannung im Körper? Wie ist deine Atmung? Lasse mit jedem Ausatmen die Spannung los, bis du komplett entspannt bist.

Nimm alles wahr

Geh bewusst durch dein Leben und fange an, alles bewusst wahrzunehmen. Wenn du etwas isst, dann iss bewusst. Rieche an deinem Essen, bevor du es in deinen Mund führst. Und wenn du es in den Mund nimmst, dann kaue es ganz bewusst. Nimm den Geschmack in deinem Mund wahr. Spüre, wie es durch das Kauen seine Konsistenz verändert. Und wenn es ganz weich ist, dann spüre, wie das Essen deinen Hals hinuntergleitet.

Sieh die Welt durch ein Objektiv und fokussiere

Gehe mit einer Kamera raus und halte Ausschau nach kleinen Details, die du sonst nie wahrgenommen hättest. Sieh die Welt an und schaue auf die kleinen magische Details. Indem wir nach ihnen Ausschau halten, werden wir sie auch entdecken. Die Welt ist voller Magie.

Ankern

Setze Anker in deinem Leben für Augenblicke des Innehaltens und der Achtsamkeit. Stelle dir zum Beispiel deinen Wecker immer auf jede halbe Stunde ein und wenn du das Signal hörst, halte inne und sei eine Minute im Augenblick. Atme tief durch die Nase ein bis ganz tief in den Bauch. Spüre dich und nimm bewusst dich und dein Umwelt wahr. Wenn du Spannung spürst, lasse sie los.

Nutze Übergänge für bewusste Intentionen
Du hast über den Tag verteilt immer wieder Übergänge von einer Aktivität in die andere. Zum Beispiel, wenn du vom Bett aufstehst und dich zum Frühstück mit deiner Familie an den Tisch setzt, du von dort zur Arbeit fährst, dort von deinem Arbeitsplatz in ein Meeting gehst etc.
Zu diesen Zeitpunkten setzt du bewusst die Intention, wie der nächste Abschnitt werden soll. Bestimme bewusst, wie das Gespräch mit deinem Chef werden soll, wie du dich deinem Partner gegenüber verhalten möchtest etc.

4. Wie verändert sich deine Welt, wenn du alles in Frage stellst und alles für möglich hältst?

In diesem Kapitel möchte ich dich einladen, alles in Frage zu stellen.

Werde zu einer wandelnden Frage, denn dieses öffnet uns Türen, die wir vorher nicht einmal wahrgenommen haben.

Wie wir zuvor gesehen haben, wurde unsere Welt und unser Glaubenssystem vorher schon von vielen anderen Experten festgelegt und von uns niemals in Frage gestellt. MAN macht das einfach so. Aber ist das auch für dich so? Stimmt das für dich auch? Oder kann es sein, dass du es einfach so übernommen hast? Wenn du alles in Frage stellst, hilft dir der Prozess herauszufinden, wer du eigentlich bist und was du möchtest.

Manchmal kommen wir nur gar nicht auf die Idee, dass wir etwas anderes wollen könnten als das, was in unserem bisherigen Weltbild vorgesehen war.

In unserer Gesellschaft ist es zum Beispiel normal, zur Schule zu gehen, eine Ausbildung zu machen, zu heiraten, ein Haus zu bauen und Kinder zu bekommen. Das ist das, was irgendwie von uns erwartet wird und wir somit auch von uns selbst erwarten. Ist das aber auch genau das, was dich wirklich glücklich macht?

Ich zum Beispiel liebe es zu lernen und mache gerade meine neunte Ausbildung, weil Lernen für mich das Allergrößte ist. Meine liebe Mama bekommt regelmäßig die Krise, wenn sie hört, dass ich schon wieder etwas Neues mache, obwohl ich nur meine erste Ausbildung in Vollzeit gemacht habe und alles andere nebenberuflich, so dass ich mich selbst finanzieren konnte. Aber sie liebt mich ja und ist der Meinung, „das Kind muss mit diesen Dingen mal etwas machen und ordentlich Geld verdienen." Muss ich das wirklich? Klar, das kann ich schon machen, aber für mich ist Lernen einfach das Schönste, was es auf dieser Welt gibt. Ich liebe es, neue Dinge zu erfahren, die Welt aus einer anderen Perspektive zu sehen, zu sehen, was noch alles möglich ist und MUSS einfach jeden Tag etwas lernen, lesen und Neues erfahren, weil sonst mein innerer Drang nach Wachstum nicht befriedigt wird. Am Anfang habe ich da sehr drunter gelitten, dass alle Menschen in meinem Umfeld so seltsam reagiert haben, wenn ich mal wieder eine neue grandiose Idee hatte, was ich jetzt wieder lernen und ausprobieren möchte und es war schwierig für mich, das auszuhalten.

Erst Mitte bis Ende 20 habe ich gemerkt, dass mein Leben nur zu mir passen muss und zu niemand anderem auf dieser Welt. Das klingt jetzt vielleicht merkwürdig, aber wir Menschen sind so, dass wir uns immer anpassen wollen.

Sicherlich ist dir aus der Statistik oder von den alten 10-DM- Scheinen die gaußsche Normalverteilung bzw. ihre Glockenkurve bekannt:

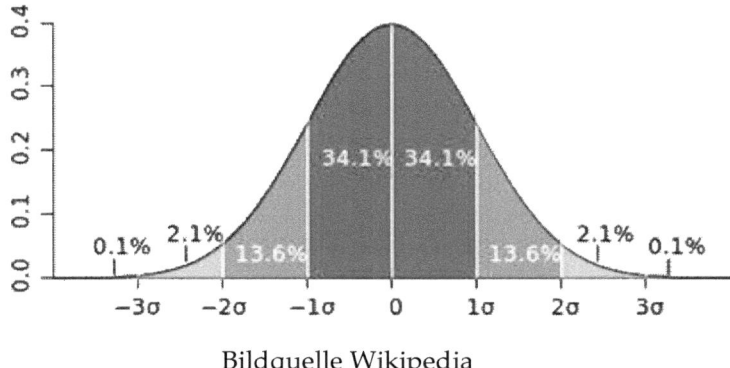

Bildquelle Wikipedia

Diese Glockenkurve beschreibt das Phänomen, dass wir, wenn wir zum Beispiel den IQ nehmen, dessen Mittelwert bei 100 liegt, wir uns quasi immer um diesen Mittelwert herum verteilen und diese Verteilung immer die gleiche Form hat, die sogenannte Normalverteilung.

Uns Menschen ist es sehr wichtig, Teil einer Gruppe zu sein, normal zu sein und dazuzugehören. Wir können davon ausgehen, dass Kinder generell als Genie geboren werden, aber dadurch, dass sie sich anpassen müssen und sich auch selbst anpassen, weil sie nicht ausgegrenzt werden wollen, werden sie ein grauer Teil der Masse. Sie quetschen sich mit all den anderen unter die Glocke, wo es eigentlich total eng und stickig ist, damit sie nicht auffallen.

Und das machen nicht nur unsere Kinder, das machen auch wir jeden Tag aufs Neue.

Wir machen Jobs, die wir eigentlich nicht machen wollen, haben Partner, obwohl wir eigentlich frei sein wollen, hören Nachrichten, die uns nicht guttun und die uns nicht interessieren, um irgendwie dabei zu sein und informiert zu sein.

Es stellt sich auch da natürlich die Frage, ob das auf Dauer gesund sein kann. Genieße dein Leben in Freiheit außerhalb der Begrenzung der Glocke. Da gehörst du nicht hin. Da fehlt dir die Luft zu atmen. Das macht klein, eng und normal.

Deshalb meine Einladung: Komm aus der Dunstglocke der Normalverteilung hervor und erlaube dir, zu fliegen. Sei wieder der bunte Vogel, als der du geboren wurdest mit 1000 neuen Ideen pro Tag im Kopf, von denen du kaum erwarten kannst sie umzusetzen. Eine einfache Methode, unter der Glocke hervorzukommen ist unser magisches Tool, eine einfache Frage zu stellen.

Es hilft dir, die festen Strukturen der Wirklichkeit aufzubrechen und die Grenzen zu sprengen, die du dir selbst durch die Gesellschaft auferlegt hast, damit du dazugehören darfst. Vielleicht wirst du dann tatsächlich nicht mehr immer dazu- gehören, aber das ist auch gut so. Sei frei und einfach du selbst, nicht ein Mit-dem-Strom-Schwimmer.

Du wirst oft komisch angeschaut werden und von vielen nur ein müdes Lächeln ernten, aber du kannst dir sicher sein, dass es vorwiegend die Menschen sind, die dich beneiden und auch gerne so wären wie du und ihren eigenen inneren Impulsen folgen wollen, es aber einfach nicht können, weil sie so in ihren eigenen Gefängnissen verkettet sind, dass sie nicht loslassen können oder ihr Leben als zuverlässige Hängematte empfinden, aus der es viel zu gemütlich ist aufzustehen. Wer weiß denn schon, was uns da für Gefahren auflauern?

Da draußen wartet das echte Leben und lockt mit vielen Abenteuern. Und selbst wenn es manchmal ein bisschen gefährlich ist, so sind wir doch auf die Welt gekommen, um Abenteuer zu erleben. Erst dann fühlst du dich doch richtig lebendig. Wenn du jeden Tag ein bisschen Adrenalin im Blut hast, weil das Leben einfach aufregend und immer wieder neu ist und du immer wieder Herausforderungen meisterst, dann macht es dir doch erst richtig Spaß.

Du hast so viele Talente und es gibt so viele Facetten von dir, dass es eine Verschwendung ist, wenn du tagtäglich nur das gleiche tust und oftmals, zum Beispiel, wenn du vor dem Fernseher sitzt, nur Zuschauer bist vom Leben von anderen Menschen, anstatt dein Leben selbst zu leben. Kann es sein, dass das Leben von anderen Menschen interessanter ist als dein eigenes? Wenn das so ist, dann ist es allerhöchste Zeit, ein bisschen Glitzer und Glamour in dein Leben zu bringen und dein Leben zu dem besten zu machen, was du dir vorstellen kannst.

Damit kommen wir nun zu den Fragen, die du dir stellen kannst und die dir dabei helfen, ständig deinen Blickwinkel zu verändern.

Und genau das ist der Schlüssel zum Glück, denn Glück ist auch immer nur eine Frage des Blickwinkels! Es ist nicht so, dass wir in unserem Leben ein bestimmtes Kontingent an Glück mit auf den Weg bekommen haben oder nur 10.000 Momente, in denen wir schöne Gefühle erleben dürfen. Wir sind vielmehr ein Generator von Energie, Glück und schönen Gefühlen. Das bedeutet, wir transformieren Gedanken und Gefühle in eine bestimmte Richtung und bestimmen dadurch selbst, wie es uns geht. Oft geschieht dies durch die Bedeutung, die wir Dingen geben. Viel häufiger ist es aber so, dass wir unser Mitbestimmungsrecht aufgegeben haben oder wir uns dessen noch nie bewusst waren. Wir können unser Leben, unsere Gefühle und unsere Energie die ganze Zeit mitbestimmen. Es ist wirklich wahr, dass wir einen freien Willen haben und ihn auch benutzen dürfen. Wir haben den Kompass in der Hand und bestimmen selbst, wohin die Reise geht. Genauso, wie du beschließt, am Wochenende nach München zu fahren. Da kommst du gar nicht auf die Idee, stattdessen Amsterdam in dein Navi einzugeben, weil du weißt, dass du dann nicht in München rauskommen wirst. In unserem Leben vergessen wir unser Navi zu programmieren. Das ist allerdings gerade bei den vielen kleinen Momenten, aus denen unser Leben nun mal besteht, total wichtig.

Also lass uns dein Navi programmieren!

Gib an jeder Weggabelung, wenn du eine Sache beendet hast, ein, wo du nun hinmöchtest. Ich meine damit die Übergänge im Leben. Wenn du morgens deine Zähne putzt, ist zum Beispiel ein wunderbarer Moment, festzulegen, wer du sein möchtest und wie du dich verhalten möchtest, wenn du gleich mit deiner

Familie frühstückst. Und hier kommen wir zu dem magischen Tool der Fragen. Stelle dir Fragen wie:

- *Wie würde ich mich verhalten, wenn ich die tollste Ehefrau/der tollste Ehemann von allen wäre?*
- *Was tue ich gleich, wenn ich die liebevollste Mutter/der liebevollste Vater von allen wäre?*
- *Was würde ich tun, wenn ich Superkräfte hätte und heute einem Menschen Gutes tun könnte?*

Dadurch, dass wir eine Frage stellen und danach handeln, werden wir nicht mehr einfach von Emotionen mitgerissen. Wenn uns unser wundervolles, miesgelauntes Teenagerkind am Frühstückstisch keines Blickes würdigt, kann es uns leicht passieren, dass wir mit schlechter Laune reagieren. Aber wir sind ja vorbereitet und hatten unser Navi auf ein Ziel programmiert. Deswegen kommen wir dort auch immer öfter an. Wir brauchen vielleicht etwas Zeit, um uns an diese Routine der Naviprogrammierung zu gewöhnen, aber wenn wir es tun, wird unser Leben eine erstaunliche Wendung nehmen, weil wir es auf einmal wieder mitbestimmen. Wir bestimmen, wie wir uns in einem Meeting fühlen und verhalten wollen, anstatt einfach "gefühlt zu werden". Das passiert nämlich ganz automatisch, wenn du nicht selbst bestimmst, was du möchtest. Gerade so, als wärst du ein Vakuum, was gefüllt werden möchte, kommen einfach irgendwelche Gefühle angeflattert und zecken sich an dir fest. Bestimme also lieber selbst, womit du dein Vakuum füllst.

Außerdem haben wir gesehen, wie wichtig es ist, im Jetzt zu sein und zu handeln.

Was kannst du also JETZT dafür tun, dass du glücklich bist?

Was kannst du JETZT dafür tun, dass du genau das Leben führst, was du führen willst?

Ist das, was ich tue, wirklich das, was ICH tun möchte, oder macht MAN das einfach so?

Was will ich und was habe ich nur von den anderen übernommen?

Das sind grundlegende Fragen, die wir uns viel zu selten stellen.

Um dich für neue Blickwinkel zu öffnen, stell dir den ganzen Tag über Fragen und das Leben wird dir die Antwort darauf geben. Es ist nicht so, dass die Antwort vorher nicht da gewesen ist, aber jetzt bist du offen dafür, sie zu hören. Vorher dachtest du, du müsstest auf alles selbst die Antwort wissen, aber die Antwort kommt ganz leicht zu dir, wenn du offen bist und nicht meinst, du müsstest mühevoll immer alles selbst tun. Du darfst wie ein Kind spielen und dir dabei eine völlig neue Welt erschaffen.

Stelle dir zu allem Fragen:
- *Wie kann es jetzt noch besser werden?*
- *Wie kann ich noch mehr Spaß in meinem Leben haben?*
- *Wie kann ich noch glücklicher sein?*

Wie gesagt, an dieser Stelle geht es gar nicht darum, eine Antwort auf die Fragen zu geben, sondern einfach nur darum, dich den vielen Möglichkeiten zu öffnen, die das Leben dir bieten kann, die du aber einfach mit deinem eingeschränkten Blickwinkel und deiner Vorstellung, wie Leben funktioniert, nicht wahrnehmen kannst. Stelle Fragen und lasse so die vielen Wunder wieder in dein Leben.

Ich benutze Fragen gerne in meinem Alltag, weil ich total gerne spiele. Ich mag, wie wahrscheinlich die meisten Menschen, nicht so gerne Aufgaben und mich anzustrengen, aber Spielen ist wunderbar.

Das kann an einem Tag so aussehen, dass ich morgens aufstehe und mich frage, was denn die tollste Version meiner selbst an einem solchen Morgen tun würde.

Die tollste Version würde meditieren, sich überlegen, was sie heute tun kann, um den ganzen Tag die beste Version zu sein und ihre Ziele zu verwirklichen.

Sie würde die Küche aufräumen, weil die beste Version ein sauberes Zuhause hat. Sie würde etwas gesundes Essen, weil sie ihrem Körper etwas Gutes tun will. Sie würde ihr Haar mit einer tollen Haarpackung verwöhnen, ihr Lieblingskleid anziehen und in den Spiegel schauen und sich freuen, dass sie so toll aussieht.

Sie würde sehr pünktlich bei der Arbeit sein und alles gut vorbereitet haben, wenn es um 8 Uhr losgeht.

Das alles ist ein Spiel und macht mir total Spaß.

Wenn ich dann im Büro sitze, frage ich mich, was ich tun würde, wenn ich die Mitarbeiterin des Jahres wäre. Das klingt vielleicht total schräg, aber ich bin so wesentlich effizienter und strukturierter. Ich arbeite Dinge viel schneller ab, bin zuverlässiger, habe mehr Spaß bei der Arbeit, bin noch freundlicher und lächle noch mehr.

Wenn ich mir dann in der Mittagspause etwas zu Essen kaufe, frage ich mich:

Was würde ich essen, wenn ich mich selbst bedingungslos lieben würde?

Das hat dann nicht die Schwere davon, dass ich jetzt etwas wahnsinnig Gesundes essen muss, sondern es ist wie eine Belohnung für mich und meinen tollen Körper, der mich so tapfer und effizient durch mein Leben trägt und es macht mir Spaß, ihm eine Freude damit zu machen, was er sich wirklich wünscht. Und mein Körper wünscht sich bei dieser Frage niemals Schokolade oder Kuchen, sondern immer frische und gesunde Sachen, aus denen er die meiste Energie ziehen kann.

Wenn ich dann also mein schönes frisches Essen gegessen habe (wie ich es esse sehen wir dann noch in dem Kapitel über Nahrung), gehe ich in die Praxis und frage mich vor der Behandlung, wie ich den Patienten behandeln würde, wenn ich die beste Therapeutin dieser Welt wäre. Auch das klingt vielleicht komisch, aber es macht einen gravierenden Unterschied. Als Kinder haben wir ständig solche Dinge gespielt, wo wir so getan haben „als ob" und hatten sehr viel Spaß dabei. Wir haben uns dadurch die Dinge erklärt. Wir haben Vater, Mutter, Kind gespielt, um uns in diese Rollen hineinzufühlen und dadurch auch da hineinzuwachsen. Wann haben wir aufgehört zu spielen?

Und gibt es nicht immer noch viele Dinge, in die wir hineinwachsen können?

Es hat vielleicht etwas von diesem Satz: Fake it till you make it.

Wachs da einfach rein. Es macht einen wahnsinnigen Unterschied. Zum einen für diejenigen, mit denen du zu tun hast, aber auch für dich selbst, denn eigentlich wollen wir nicht nur Mittelmaß sein. Wir wollen alles geben und mit dem Herzen dabei sein. Wir wollen mit jeder Faser unseres Körpers alles geben, an unsere Grenzen gehen und einen Unterschied machen.

Leider sind wir von der kindlichen Begeisterung in die Massenhypnose geraten. Wir glauben dem Sprecher im Radio, wenn er am Montagmorgen sagt: Seien sie tapfer, es ist wieder Montag und sie müssen wieder eine ganze Woche arbeiten.

Wieso „müssen" und was ist schlimm daran?

Ich gehöre wohl zu der aussterbenden Rasse, die total gerne arbeiten geht und ihre Arbeit wirklich liebt. Ich habe mir ja schließlich auch ausgesucht, was ich mache und tue es mit Liebe. Alles im Leben ist eine Frage der Einstellung. Wenn du einen Beruf hast, der dir keinen Spaß macht, dann stelle dir die Frage, was jetzt in dieser Sekunde das Geschenk daran ist. Es gibt in jeder Situation ein Geschenk. Selbst wenn diese Situation dich nur dazu bringt, dass du überlegst, was du eigentlich stattdessen machen möchtest, wo deine Talente liegen und was du wirklich gut kannst. Wenn du also dein Geschenk gefunden hast, dann stelle wieder eine magische Frage:

Zum Beispiel: Was kann ich JETZT dafür tun, dass ich meine Talente in Zukunft wirklich ausleben kann?
Wie kann ich jetzt 100 % geben?
Was trägt es jetzt zu meinem persönlichen Wachstum bei, dass ich gemobbt werde und wie kann ich lernen, anders damit umzugehen?

Überhaupt ist es eine meiner absoluten Lieblingsfragen in Situation, die auf den ersten Augenblick etwas unerfreulich sind, immer zu fragen: „Wo ist es denn?"
Damit meine ich das Geschenk in dieser Situation.
Diese Frage ist wirklich magisch, weil sie dich nicht resigniert in einer Situation gefangen hält, sondern deinen Blick dafür öffnet, dass es wie alles im Leben eine positive Seite hat.
Du findest dann Lösungen, die du nie für möglich gehalten hast.
Ich hatte ein Problem mit meinem Auto, was ich heiß und innig liebe. Auf einmal waren alle möglichen Kontrollleuchten an und haben lustig vor sich hin geblinkt und es war nicht klar, ob es den Besuch in der Werkstatt überlebt oder notgeschlachtet werden muss. Ich habe mich dann auch wieder ganz klassisch gefragt: Wo ist es denn?
Dadurch bin ich einfach verschiedene Möglichkeiten durchgegangen, was ich denn jetzt aus dieser Situation machen kann. Ich könnte mir ein anderes Auto von dem Geld von meinem Sparbuch anschaffen. Das hat mir aber nicht so gut gefallen, weil ich mehr Talent dafür habe Geld auszugeben als zu sparen und gerade so stolz war, dass ich Geld gespart hatte. Ich könnte

meine Oma fragen, ob sie mir etwas leihen kann und es in Raten zurückzahlen, damit mein Erspartes erhalten bleibt oder ich könnte meinen Chef fragen, ob er vielleicht über die Firma ein Auto leasen kann und ich etwas weniger Gehalt bekomme und davon die Leasingrate finanziert wird.

Es gibt immer viele Möglichkeiten, was wir aus Situationen machen können, aber wir versperren uns oftmals selbst den Blickwinkel, in dem wir von Anfang an beschließen, die Situation sei jetzt einfach total sch…….

Dann sehen wir wirklich nur das Schlechte und grummeln vor und hin, dass es ja wieder typisch ist, gerade wo wir etwas gespart haben, müssen wir es wieder abgeben etc.

Es gibt immer noch mindestens 10.548 alternative Lösungen.

Und wenn dir keine dazu einfällt, dann stelle dir die Frage:

Wenn ich die Lösung zu dem Thema kennen würde, wie sähe diese dann aus?

Wenn du denkst, du kannst es dir nicht vorstellen, dann stell dir vor, dass du es dir vorstellen kannst.

Fragen sind magisch und zaubern zu allem eine Lösung in unser Leben.

Stelle eine Frage und das Leben gibt dir die Antwort.

5. Wo befindest du dich in der Bedürfnispyramide?

Jetzt möchte ich dir die verschiedenen Bereiche des Lebens aufzeigen, auf die es unsere Prinzipien anzuwenden gilt und wie du es ganz konkret umsetzen kannst

Um es in eine übersichtliche Struktur zu bringen und keinen wichtigen Bereich auszulassen, habe ich mich eines sehr bewährten Schaubildes bedient, welches sicherlich den meisten Menschen bereits bekannt ist: der Maslowschen Bedürfnispyramide.

Anhand dieser können wir uns über die grundlegenden Lebensthemen immer mehr nach oben ins Eingemachte begeben, wo es um diese Dinge wie den Sinn des Lebens geht und dahin, wie du deine Talente findest, wie du wirklich glücklich sein kannst und die Dinge erreichst, die du erreichen möchtest.

Aber bis dahin haben wir noch eine kleine Reise vor uns und beginnen zunächst ganz an der Basis, denn wir alle wissen, dass jedes Gebäude nur auf einem gesunden Fundament hält. Wir können nicht die Sonne auf unserer Dachterrasse genießen, wenn unter uns der Keller zusammenbricht. Falls du diese Pyramide noch nicht kennst, folgt hier eine kurze Erklärung dazu, bevor wir uns die verschiedenen Funktionen und Auswirkungen der einzelnen Ebenen verdeutlichen.

Meine Pyramide ist vom Original etwas abgewandelt, um dir die Dinge erklären zu können, die ich auf den einzelnen Ebenen für wichtig halte. Dabei kann es zu leichten Verschiebungen zum Original kommen. Falls du die Pyramide also schon kennst, wundere dich nicht, dass sie nicht exakt gleich ist, sondern nur ungefähr als Vorlage dient, um uns eine Struktur zu schaffen.

Wir fangen ganz unten bei der Basis an.

Dort finden wir unsere ganz elementaren *Grundbedürfnisse* wie Essen, Trinken und Sauerstoffversorgung unseres Körpers sowie Bewegung.

Erst wenn wir diese Bedürfnisse befriedigt haben, fangen wir an, uns für andere Dinge zu interessieren. Sie verlieren dann ihrerseits etwas an Bedeutung, wenn ihre Befriedigung permanent gesichert ist.

Wenn wir Hunger haben, kreisen unsere Gedanken immer wieder darum, wie wir diesen stillen können und wir haben keinen Kopf dafür, ob wir wohl den Sinn unseres Lebens schon gefunden haben, oder wie wir die Erde hinterlassen möchten, denn wenn der

Magen knurrt, ist er einfach lauter als der Rest unserer Gedanken.

Dann können wir uns auf die nächsthöhere Stufe begeben und uns um unsere *Sicherheitsbedürfnisse* kümmern.

Wir alle wünschen uns Stabilität, Ordnung, Freiheit von Angst und Chaos. Werden diese Bedürfnisse nicht befriedigt, können sie unser Verhalten stark beeinflussen. Wir alle wissen, wie Menschen sich verhalten, wenn sie Angst haben und zu was für unberechenbarem Verhalten sie fähig sind.

Du wunderst dich vielleicht, dass du dort in der Pyramide bei mir das Immunsystem findest. Aber natürlich hat auch unser Körper ein Sicherheitsbedürfnis, auf das ich gerne eingehen möchte.

Wenn wir uns um unsere eigene Sicherheit, eine feste Arbeitsstelle und eine grundlegende Ordnung gekümmert haben und im Idealfall noch ein bisschen Geld gespart haben, dann können wir uns auch um unsere *sozialen Bedürfnisse* kümmern. Wir möchten dann zu Gruppen dazugehören und uns auf andere Menschen beziehen können.

Wenn wir uns als Teil einer Gruppe fühlen und wissen, wo wir hingehören, kümmern wir uns um die Dinge, die dem Wunsch Kompetenz, Stärke, Leistung, Anerkennung, Ruhm, Macht, Lob etc. entsprechen und so unser Selbstwertgefühl stärken. Das sind unsere *individuellen Bedürfnisse*.

Wenn diese Grundlagen alle gedeckt sind, dann streben wir danach, unsere Persönlichkeit zu entwickeln, unsere persönliche Wahrheit zu suchen, eigene Werte zu entwickeln und den Sinn unseres Daseins zu erforschen.

Eine Stufe entwickelt sich aus der nächsten.

Wenn ich mir permanent nur Sorgen darum machen muss, wie ich die nächste Mahlzeit beschaffen kann, lohnt es sich natürlich nicht zu überlegen, wie ich Geld sparen kann und es interessiert mich auch eher nicht so, wie ich mich in einer Gruppe einbringen kann, weil ich vorerst nur auf mich und meine eigenen Überlebensbedürfnisse fixiert bin. Erst nach und nach kann ich Schritt für Schritt auf die nächste Stufe gelangen. Da wir hier in der westlichen Welt das große Privileg haben, dass wir alle weitgehend mit den Grundbedürfnissen versorgt sind, können wir uns auch Gedanken um die weiterführenden Dinge machen. Sicher hast du schon für dich festgestellt, dass es zwar toll ist, dass wir hier so sorgenfrei leben und davon ausgehen können, dass unsere Grundbedürfnisse gestillt sind, egal was passiert; aber richtig glücklich sind wir an der Basis der Pyramide nicht. Wir fühlen uns erst wohl, wenn wir ein Teil der Gesellschaft sind, uns eingebunden fühlen, geliebt und gebraucht werden und wenn wir irgendwie spüren, dass unser Leben einen Unterschied macht. Wenn wir unser Feuer und unsere Lebensfreude wahrnehmen, anstatt im eintönigen Trott zu versinken, der uns zu ersticken droht.

Um komplett glücklich zu sein, ist es wichtig, an allen Stufen der Pyramide zu schauen, ob es in unserem Leben passt. Das ist allerdings, wie immer, nur eine Einladung. Wenn du einfach nur Lust hast, auf der untersten Stufe der Pyramide zu bleiben, um dich und deinen Körper mit Atmung, Bewegung und Ernährung auszustatten, ist das schon ein sehr großer Fortschritt und hat auch Auswirkungen auf den Rest. Alles steht miteinander in Verbindung. Mit der Ernährung beeinflusst du auch deine Psyche, genauso wie wir mit unserer Atmung unsere Psyche beeinflussen können. Alles steht miteinander in Verbindung und hat eine Wechselwirkung. Fangen wir an einer Stelle an, das Stellrädchen zu drehen, dann ändert sich automatisch an anderer Stelle auch etwas. Stürzen wir uns also direkt ins Abenteuer!

6. Wie beeinflusst deine Atmung dein Leben?

Unsere Atmung gehört zu den Grundbedürfnissen des Menschen, steht in unserer Bedürfnispyramide ganz unten und stellt zusammen mit Nahrung und Bewegung die Basis dar, da ohne sie kein Überleben möglich ist.

Durch die Atmung werden alle unsere Zellen mit Sauerstoff versorgt, so dass wir leistungsfähig sind.

Aber schöpfen wir in dem Bereich wirklich alles aus, was möglich ist?

Atmen wir wirklich so, dass es für uns und unseren Körper den meisten Gewinn bringt?

Nutzen wir diese überaus wichtige Ressource komplett aus?

Wird unser Körper wirklich gut versorgt?

Ich denke, du kennst die Antwort auf diese Frage bereits!

Es geht definitiv noch besser und du wirst mir zustimmen, wenn ich sage, dass du noch wesentlich effizienter atmen könntest.

Wir alle haben uns ein Atemmuster angewöhnt, das viel zu flach oder zu angespannt ist.

Dafür gibt es viele Ursachen, von denen ich gemeinsam mit dir ein paar genauer erläutern möchte.

Wie sieht es mit deiner Haltung aus?

Kann es sein, dass deine Schultern zu weit nach vorne stehen und du dadurch gar nicht komplett einatmen und alle Bereiche der Lunge mit Sauerstoff füllen kannst?

In unserer heutigen Gesellschaft ist das bei sehr vielen, um nicht zu sagen bei fast allen Menschen so. Wenn wir nachts schlafen, ist meist unser Kissen viel zu hoch, so dass unser Kopf nach vorne steht und durch diese Haltung unser Atemvolumen stark eingeschränkt wird.

Wir stehen auf, sitzen dann mit gebeugter Haltung am Tisch und schauen in unsere Kaffeetasse oder spielen vielleicht nebenbei schon am Handy rum.

Das macht auch keine besonders aufrechte Haltung, die es dem Atem erlaubt, bis in die unterste Lungenspitze vorzudringen.

Im Büro am Schreibtisch lümmeln wir wieder irgendwie auf unserem Stuhl herum und so zieht es sich durch unseren Tag.

Mach dir einmal bewusst, was das für die Versorgung unseres Körpers bedeutet. Allein dadurch laufen wir nur auf Sparflamme und kommen niemals auf die 100%, die eigentlich möglich wären.

Das ist das eine Problem. Das andere Problem ist allerdings, dass es auch gravierende Auswirkungen auf unsere Psyche hat. Mach einmal den Test, wie es sich anfühlt, wenn du aufrecht läufst. Stell dir vor, am höchsten Punkt deines Kopfes ist ein Bindfaden fixiert, der dich nach oben zieht. Oder leg dir ein Buch auf den Kopf, das du balancierst. Was auch immer du tust, laufe so aufrecht wie du kannst. Schultern nach hinten unten rollen, Brust raus und los geht es!

Wie fühlt sich das im Gegensatz zu deiner sonstigen Körperhaltung an?

Ist es nicht befreiend so zu gehen und deine Lunge wirklich mit dem lebenswichtigen Sauerstoff zu füllen?

Man hat übrigens in Studien festgestellt, dass es depressiven Menschen nicht möglich ist, weiter depressiv zu sein, wenn sie aufrecht laufen und breit grinsen!
Ist das nicht interessant, wie stark der Körper und die Psyche dabei in Verbindung stehen?
Und ist es nicht auch interessant, wenn wir uns das Wort „aufrecht" mal anschauen und die direkte Verwandtschaft zu dem Wort „aufrichtig" erkennen?
Auch da kann ich mich fragen, wie aufrichtig, also ehrlich im Sinne von authentisch bin ich wirklich mir selbst und anderen gegenüber?
Das wirft uns wieder auf unsere essentiellen Fragen zurück:
Bin ich wirklich der Mensch, der ich sein möchte?
Tue ich die Dinge, die ich wirklich tun möchte?
Bin ich so, wie ich immer sein wollte?

Wie gut ist es uns möglich, aufrecht zu sein, wenn wir nicht aufrichtig sind?

Ein interessantes Bild kommt mir gerade aus der Kampfkunst Lubki in den Sinn. Dort hat ein Trainer mal gesagt, dass wir aus den verschiedenen Elementen bestehen. Wie wir alle wissen, bestehen wir zu etwa 70 % aus Wasser, was sich allerdings im Laufe des Lebens leider oft in einen Bereich unter 60 % verschiebt. Dieses Wasser hat die Tendenz nach unten zu fließen und zwingt uns irgendwann in die Knie und wir sterben. Wir werden ohne Wasser sozusagen schon im Laufe unseres Lebens immer mehr zu Staub und erliegen dann irgendwann der Erdanziehungskraft und gehen wieder in Erde über, wenn das Wasser in uns mehr und mehr abnimmt.

Etwas, was dagegenhält und verhindert, dass wir nach unten wegfließen, ist das Feuer. Das Feuer strebt nach oben zum Himmel. Es ist das Feuer unserer Seele, das uns wirklich lebendig macht und den Prozess der Erdanziehungskraft neutralisiert.

Unsere Seele will brennen, sich selbst zum Ausdruck bringen, erschaffen, kreativ sein und einfach leben.

Wie oft fühlst du dich so richtig lebendig?

Wofür brennst du?

Kann dein inneres Feuer den Dingen standhalten, die dich nach unten ziehen wollen?

Wie kannst du den Ausgleich schaffen?

Was gibt es in deinem Leben, was das Feuer in dir entfacht?

Fange an, jeden Tag Dinge zu tun, bei denen du dich wirklich lebendig fühlst und erinnere dich tagtäglich daran: Es gibt ein Leben vor dem Tod!

Wie sehr nimmst du daran teil?

Bitte baue in jeden Tag eine gewisse Zeit ein, in der du wirklich lebst.

Stelle dir eine Liste mit Dingen zusammen, bei denen du dich wirklich lebendig fühlst und suche dir jeden Tag etwas davon aus, was du tun möchtest.

Lebe JEDEN Tag und nicht nur am Wochenende oder im Urlaub. Nutze jeden Augenblick, der sich dir bietet und frage dich: Wie kann ich JETZT glücklich sein?

Das ist vielleicht eine etwas unerwartete Wendung beim Thema Atem und gleichzeitig so offensichtlich, denn Atem bedeutet ja Leben. Ohne Atem kein Leben. Unser Atem beinhaltet übrigens noch eine andere interessante Komponente. Und zwar bietet er uns die Möglichkeit, die Intensität unserer Gefühle zu kontrollieren. Es ist wie ein Lautstärkeregler an unserer Stereoanlage.

Das Ganze wird über unser Zwerchfell gesteuert. Je mehr Gefühl wir zulassen, desto tiefer atmen wir in den Bauch ein. Bei Stress atmen wir nur ganz flach und in den Brustkorb, was ja auch logisch ist, weil uns da unsere Emotionen davon abhalten würden, effizient zu sein.

Wir haben uns im Laufe unseres Lebens angewöhnt, uns von unseren Emotionen abzuspalten, weil sie meistens weh tun. Deswegen haben wir uns diesen Mechanismus angeeignet, sie einfach nicht zu fühlen. Das mag vielleicht auf den ersten Blick recht clever sein, aber als Dauerlösung ist es leider nicht geeignet, weil die Emotionen in unserem Körper gespeichert werden und dort ein Eigenleben entwickeln. Wir legen die Gefühle zum Beispiel in unseren Muskeln ab, wo sie dann einen sogenannten Muskelpanzer bilden, der uns allerdings unsere Geschmeidigkeit raubt und, wie wir später noch sehen werden, unseren eigenen Saft abdreht und dazu führt, dass unser Messer ganz schnell stumpf wird.

Wenn wir unsere Gefühle tatsächlich fühlen, dann sind sie im Prinzip wie Wolken und ziehen ganz schnell vorbei.

Jede gefühlte Emotion hat nur eine Lebensdauer von etwa drei Minuten. Ich glaube, drei Minuten schafft es jeder von uns ein Gefühl zu fühlen, so schlimm es auch sein mag. Gefühle an sich haben auch nicht die Kraft, uns umzubringen, sondern nur Widerstand dagegen hervorzurufen und unser Unwillen sie zu fühlen und anzunehmen bereitet uns Probleme.

Gefühle sind wichtig, denn sie zeigen uns immer eine bestimmte Richtung an und sind auch der Motor, der uns in unserem Leben voranbringt. Egal, was wir uns im Leben wünschen, dahinter steckt immer eine bestimmte Emotion.

Warum möchtest du abnehmen? Doch nicht, weil du es toll findest abzunehmen. Du möchtest vielleicht abnehmen, um anerkannt zu werden. Hinter dem Gefühl der Anerkennung steht möglicherweise das Gefühl, dass du geliebt werden möchtest.

Das ist bei so ziemlich allen Dingen in unserem Leben so. Schau immer auf das Gefühl hinter deinem Wunsch. Es ist wichtig, dieses Gefühl zu kennen. Möchtest du unbedingt ein tolles Auto? Was ist deine Motivation dahinter? Ist es ein Bedürfnis nach Sicherheit? Ebenfalls nach Anerkennung?

Was ist die Emotion dahinter?

Und was könntest du jetzt dafür tun, damit dein Bedürfnis erfüllt wird? Oftmals fällt der materielle Wunsch ganz von alleine weg, wenn wir das Bedürfnis dahinter erfüllt haben.

Kommen wir aber nochmal zurück zu den Gefühlen. Du hast also ein Gefühl, was du gar nicht haben möchtest. Frage dich, woher dieses Gefühl kommt. Oftmals ist es ein Gefühl, das in der Kindheit entstanden ist und nicht selten ist es das 3-jährige Kind in dir, das damals ein bestimmtes Bedürfnis zum Beispiel nach Sicherheit und Geborgenheit nicht erfüllt bekommen hat. Wie würdest du also mit einem 3-jährigen Kind umgehen, was sich gerade extrem unsicher fühlt und vielleicht Angst hat, nicht gut genug zu sein oder jemanden zu verlieren?

Und du kannst dir sicher sein, dass das jeder in sich hat. Ob der 50-jährige Manager einer großen Firma oder der Kaiser von Japan. Wir haben alle diese verletzten kleinen hungrigen Kinder in uns, die besonders gerne in Beziehungen, wenn der Partner etwas Bestimmtes macht, verletzt reagieren.

Also was tun wir mit diesem kleinen verletzten Kind in uns?

Wir nehmen es in den Arm, wiegen es, hören zu, was denn genau passiert ist und wovor es Angst hat, versichern ihm, dass alles gut wird und lassen es erst wieder los, wenn die letzte Träne getrocknet ist und es wieder voller Lebensfreude loslaufen will zum Spielen.

Was du noch mit diesen Emotionen tun kannst, möchte ich dir im nächsten Kapitel vorstellen.

Jetzt aber nochmal zurück zu unserer Atmung. Unsere Atmung hält uns am Leben. Ich möchte dich einladen, wirklich mit jedem Atemzug so viel Leben in dich aufzunehmen, wie es entspannt möglich ist. Es soll nicht forciert sein, sondern ganz natürlich. Wenn du zu übertrieben einatmest, dann verspannst du deinen Nacken- und Schulterbereich, was wiederum kontraproduktiv ist. Wenn eine Stelle verspannt ist, können wir dort nicht so gut hineinatmen. Es läuft also eher anders herum. Du lässt den Atem ganz locker und entspannt durch die Nase hineinfließen und spürst nach, ob du irgendwo eine Spannung entdecken kannst. Wenn du eine gefunden hast, dann sprich in Gedanken bei der Ausatmung, die du durch den leicht geöffneten Mund machst, die Worte "Lass los" und stellst dir vor, wie die Anspannung mit der Ausatmung deinen Körper verlässt. Wenn alles ganz weich und entspannt ist, wird sich deine Atmung auf ganz natürliche Art und Weise automatisch vertiefen. Es funktioniert auch sehr gut, wenn du viel mit inneren Bildern arbeitest. Eine ganz einfache Übung dazu hat mir einmal meine Klarinettenlehrerin empfohlen: Stell dir vor, du atmest durch deine Füße ein. Dadurch verstärkt sich deine Atmung automatisch, weil du ja mit deinem Atem praktisch einen viel längeren Weg zurücklegen musst.

Der Atem ist ein magisches Tool, um Verspannungen im Körper zu lösen. Wenn du die Entspannung noch verstärken willst, stell dir vor, du schickst ein Lächeln in den verspannten Bereich.

Damit kann man übrigens den kompletten Körper sehr gut entspannen und Körperprozesse optimieren. Wir wissen ja alle, dass Energie der Aufmerksamkeit folgt.

Ich mache morgens immer eine kleine Körperübung. Ich liege auf dem Rücken und konzentriere mich nach und nach auf verschiedene Körperbereiche. Ich fange zum Beispiel mit meinen Augen an und stelle mir vor, dass ich durch meine Augen atme und schicke ihnen ein Lächeln. Das mache ich mit meinen Ohren, meiner

Nase, meiner Zunge und allen Organen, die mir sonst noch so einfallen.

Wenn ich meine Aufmerksamkeit irgendwo hinrichte, wo gerade Probleme sind, wenn ich zum Beispiel Bauchschmerzen habe, dann bekommt dieser Bereich länger liebevolle Aufmerksamkeit.

Des Weiteren kannst du mit deinem Atem Emotionen, Stress und Schmerzen kontrollieren. Wenn wir irgendeine Art Stress empfinden, halten wir oft unbewusst unseren Atem an. Wie wir gesehen haben, meist, um die damit verbundene Emotion (Schmerz/Stress) nicht zu spüren. Wenn der Stress oder die Anstrengung zu groß ist, kommen wir mit diesem Kompensationsmechanismus allerdings nicht mehr weiter.

Konzentriere dich in der Situation auf deinen Atem, mache ihn dir bewusst und atme durch die Nase ein und durch den Mund aus. Im Systema, einer sehr effizienten russischen Kampfsportmethode, machen wir unseren Atem hörbar, wenn wir unter Stress kommen. Das nennt sich „Burst breathing". Atme hörbar ein und aus und passe die Frequenz an die Anstrengung an, beim Ausatmen benutzt du die dosierte Lippenbremse. Die Lippen werden dabei fast wie beim Pfeifen etwas gespitzt. Die Ausatemluft wird durch die nur einen Spalt breit geöffneten Lippen nach draußen gebracht, ohne dabei einen Druck aufzubauen. Durch diese Atemtechnik verschiebst du deine eigene Leistungsgrenze enorm, weil die Muskeln bei Belastung weiterhin mit Sauerstoff versorgt werden und der Stress reduziert wird.

Kinder atmen oftmals auf diese Art, bevor sie anfangen zu weinen. Sie haben ganz natürlich entdeckt, wie sie den Stress, egal ob emotional oder körperlich, reduzieren können, bis es nicht mehr ausreicht und sie dann doch weinen.

Wir können durch diese Atmung auch unseren Blutdruck senken, denn was bei einer erhöhten Anstrengung passiert, ist, dass dieser in die Höhe schnellt. Wenn wir den Atem anhalten, erhöhen wir den Druck zusätzlich. Atmen wir hingegen mit Burst breathing, nehmen wir den Druck aus unserem System heraus, senken ihn, und reduzieren den Stress. Zudem scheint es wohl auch so zu sein, dass es uns beruhigt, wenn wir unseren eigenen Atemrhythmus hören. In vielen Meditationen dient es als ein Weg in eine tiefe Entspannung, wenn wir uns auf unseren Atem konzentrieren.

Ein weiterer Aspekt unseres Atems ist, dass er unsere Fähigkeit symbolisiert anzunehmen und loszulassen. Inwieweit kannst du annehmen und loslassen und was bedeutet das genau?

Annehmen kann sich zum einen natürlich auf Geschenke beziehen.

Kannst du es annehmen, wenn dir jemand eine Freude machen möchte?

Wie gehst du mit Komplimenten um, die dir jemand geben möchte?

Kannst du diese annehmen oder möchtest du sie gleich wieder zurückgeben?

Kannst du die Geschenke des Lebens annehmen und es so akzeptieren, wie es ist?

Und die allerwichtigste Frage: Kannst du dich selbst so annehmen, wie du bist? Nur dann kannst du wirklich gesund und glücklich sein.

Am Ende ist alles, was wir im Leben für Herausforderungen und Krisen erleben etwas, an dem wir wachsen dürfen. Wir können davon ausgehen, dass alles, was uns im Leben begegnet, als Geschenk für uns gedacht ist. Gerade Krisen und Probleme bieten uns wunderbare Gelegenheit zum Wachstum. Und Leben ist Wachstum. Das ist es, worum es im Leben geht. Es geht nicht darum, still in einer Ecke zu hocken und zu hoffen, dass alles immer so bleibt, wie es schon immer war. Jede Pflanze wächst immer der Sonne und dem Licht entgegen. Und auch, wenn wir uns manchmal nicht mehr so fühlen, sind wir doch ein Teil der Natur und wachsen auch dem Licht entgegen. Du kannst dich nicht gegen dein Wachstum sperren.

Natürlich ist es manchmal schmerzhaft, so wie auch jede Geburt schmerzhaft ist, aber genau wie wir nicht immer im sicheren Schutz der Gebärmutter bleiben können, können wir uns nicht gegen unser Wachstum sperren.

Im Grunde ist es wohl die größte Sehnsucht im Menschen zu wachsen und auch über sich selbst hinauszuwachsen. Das erfüllt uns und macht uns glücklich. Warum machen sonst so viele Menschen Leistungssport und möchten immer bessere Zeiten erreichen und mehr leisten als am Tag davor?

Es ist einfach in uns, jeden Tag unser Bestes zu geben und immer mehr zu wachsen.

Allerdings gibt es auch den Gegenstrom, der uns sagen will, dass es wichtig ist, dass alles sicher ist. Dass alles so bleiben soll, wie es immer war. Aber Sicherheit gibt es nicht. Sicherheit ist eine Illusion. Jeden Tag müssen wir Dinge loslassen, um wachsen zu können. Das Leben ist wie unser Atem ein Zyklus, der aus Annehmen und Loslassen besteht. Es wird ständig etwas Neues geboren und dafür müssen wir das Alte loslassen. Es gehen Zellen zugrunde und dafür entstehen neue. Wir haben neue Erkenntnisse und dafür müssen andere gehen. Es kommen neue Menschen in dein Leben und dafür verschwinden andere.

Das ist ganz natürlich. Ohne loszulassen kann kein Wachstum stattfinden.

Werde dir dessen bewusst, dass zu nicht festhalten kannst. Lerne, die Dinge loszulassen, die dein Wachstum einschränken. Lass Dinge in deinem Alltag los, aus denen zu hinausgewachsen bist. Alte Dinge, die dir nicht mehr entsprechen und dir keine Freude mehr machen.

Und mache es dir mit deiner Atmung bewusst. Vielleicht hast du Lust, dich ruhig hinzusetzen und deinen Atem zu beobachten. Bei jedem Einatmen denkst du das Wort „annehmen" und bei jedem Ausatmen das Wort „loslassen".

Wie gut kannst du einatmen?

Besteht vielleicht ein Zusammenhang damit, wie gut du annehmen kannst?

Und wie gut klappt es mit der Ausatmung - wie gut kannst du Dinge loslassen?

Je besser dein Atem fließen kann, desto mehr Leben ist in dir.

Mache dich voll mit Leben! Genieße das Leben in vollen Zügen. Sei voll da und lebe mit jeder Faser und

Zelle deines Körpers. Nimm das Leben ganz in dich auf und höre auf, mit angezogener Handbremse durch dein Leben zu fahren.

Atme!

Lass es zu!

Annehmen…

Loslassen…

Das ist Leben!

Saug das Leben voll in dich auf und lasse alles los, was du nicht mehr brauchst.

Atme Leben ein und gib frei, was du in deinem Leben nicht mehr haben möchtest.

Der Atem unterstützt dich dabei.

Atme ein und stelle dir vor, dass du alles in dich aufnimmst, was du gerade brauchst. Gesundheit, Freude, Liebe, Sicherheit, Geborgenheit und gib dafür frei, was du gehen lassen möchtest. Schmerz, Angst, das Gefühl nicht genug zu sein etc.

Atme und komm voll im Leben an!

Nur wenn du richtig frei atmest, nimmst du das Leben voll auf und nimmst daran teil.

Nur wenn du alles komplett annimmst und loslässt, lebst du!

Sträube dich nicht gegen die natürlichen Zyklen, sondern lasse Wachstum zu!

Fang endlich an, wirklich zu leben!

Hier also nochmal unsere Erkenntnisse aus diesem Kapitel

- Atmen ist Leben! Lebe ich wirklich?
- Atmen steuert meine Emotionen. Wie kann ich meine Emotionen steuern, anstatt mich von ihnen steuern zu lassen?
- Ich kann jegliche Form von Stress durch den Atem kontrollieren.
- Atmung ist ein Zyklus wie Leben und Tod und besteht aus Annehmen und Loslassen.
  Kann ich das Leben wirklich annehmen und Dinge loslassen, die mir nicht mehr dienen?

Ist es nicht auch interessant, dass Atmung Inspiration heißt? Möglicherweise hat der Atem tatsächlich die Fähigkeit, uns zu inspirieren. Atmen wir gut, bekommt unser Gehirn mehr Sauerstoff und ist natürlich zu mehr Leistung fähig.

Wie sollte denn eine optimale Atmung aussehen? Im Systema, der Kampfsportmethode, gibt es da einige Prinzipien, die ich sehr hilfreich finde:

1. Atme durch die Nase ein und durch den Mund aus.

2. Dein Atem sollte deine Spannung im Körper reduzieren und nicht selbst Spannung erzeugen. Atme also ganz entspannt.

3. Sei effizient bei deiner Atmung und atme nur so viel Luft ein, bis du eine Spannung spürst.

4. Deine Atmung soll kontinuierlich fließen. Stelle sicher, dass egal was du tust, dein Atem niemals angehalten wird.

5. Stell dir deinen Atem wie ein Pendel vor. Bevor es die Richtung ändert, gibt es an den Maximalpunkten eine kurze Phase, wo es still steht, bevor es die Richtung ändert. Halte dort die Luft so lange, bis du eine Spannung spürst und starte dann erst die nächste Ein- bzw. Ausatmung.

6. Obwohl deine Atmung deine Emotionen steuert, sollte sie davon losgelöst sein und nicht durch Emotionen beeinflusst werden. Der Atem fließt immer kontinuierlich weiter, so wie ein Fluss, der einfach fließt, egal ob Menschen am Ufer stehen, jemand Müll in ihn hineinwirft, es regnet, stürmt oder schneit. Er fließt unbeirrt weiter.

7. Bist du dir der Kraft deines Herzens bewusst?

Was denkst du, was die größte Kraft in deinem Leben ist?

Unsere Muskeln?

Wenn du einen Marathon gelaufen bist, weißt du, dass diese Kraft irgendwann zu Ende geht.

Unser Verstand?

Wir versuchen ständig alles mit unserem Wissen zu durchdringen und müssen doch feststellen, dass diese Welt einfach zu komplex ist, als dass wir alles verstehen könnten.

Fantasie?

Schon Albert Einstein hat gesagt: „Fantasie ist wichtiger als Wissen, denn Wissen ist begrenzt."

Mit der Fantasie kommen wir also schon ein ganzes Stück weiter als mit Wissen, da in unserer Fantasie alles möglich ist und sie unsere Realität weit hinter sich lässt. Unser Verstand hält uns gefangen, während die Fantasie uns Flügel verleiht und uns zu Orten reisen lassen kann, wo noch nie ein Mensch vorher gewesen ist. Es gibt keine Grenzen, die uns aufhalten könnten.

Aber es gibt noch eine Kraft, die über noch mehr Magie verfügt als die Fantasie:

die Liebe

Die Liebe kommt direkt aus unserem Herzen, aus der Mitte unseres Seins. Wir alle wissen, was durch die Macht der Liebe möglich ist. Durch sie können wir Dinge auf uns nehmen, die wir nie für möglich gehalten hätten. Wir können Grenzen sprengen und den Himmel auf Erden erschaffen und nur durch sie die Erde wieder zu einem Paradies machen, wo es keinen Neid, keinen Krieg und Leid gibt. Die Liebe ist unser mächtigstes Instrument und unser Zauberstab. Wenn wir die Liebe in uns finden und sie direkt ins Herz unseres Gegenübers fließen lassen können, sind wir unaufhaltsam. Es ist die kürzeste Verbindung zwischen zwei Menschen, direkt von Herz zu Herz.

In dem Walt-Disney-Film Herkules heißt es an einer Stelle frei zitiert:

„Ein wahrer Held wird nicht an der Kraft seiner Muskeln, sondern an der Stärke seines Herzens gemessen."

Wir alle waren schon einmal verliebt und können uns an dieses Gefühl des inneren Feuers erinnern. Wir alle wissen auch aus allen möglichen kitschigen Liedern, dass die Liebe alles möglich macht.

Diese Kraft machen wir uns zunutze, wenn es um unsere eigene Heilung von Gedanken und Gefühlen geht. Wir wissen alle, dass alles möglich ist, dass es nur wir selber sind, die uns aufhalten. Wenn wir uns nicht aufhalten, dann kann es auch niemand anders tun.

„Wir" bedeutet in dem Fall das, was unsere Vergangenheit aus uns gemacht hat.

Wenn wir auf diese Welt kommen, sind wir wie ein weißes Blatt Papier. Wie eine Leinwand. Wir sind mit uns und der Welt absolut im Reinen, fühlen uns mit uns selbst pudelwohl und sind im Einklang und völligem Einverständnis mit uns und der Welt. Wir sind praktisch in unserem persönlichen Paradies, aus dem wir aber nach und nach vertrieben werden, indem die Menschen um uns herum Dinge auf unsere Leinwand projizieren. Es geht manchmal schon im Mutterleib los, wenn wir als Kind nicht gewollt sind, dass auf uns kleine Wesen Gefühle des Nicht-gewollt-seins übertragen werden, die wir allesamt schon wahrnehmen können. Wenn wir dann auf die Welt kommen, geht es weiter. Wir werden verglichen. Das andere Kind, was genauso alt ist wie wir, hat schon Zähne, kann schon krabbeln, laufen etc. Wir bekommen durch diesen ständigen Vergleich immer mehr das Gefühl, dass wir nicht gut genug sind. Dass wir bestimmte Dinge tun müssten, um geliebt zu werden. Wir müssen erst unser Zimmer aufräumen, damit wir einen Nachtisch bekommen, bekommen ein extra Taschengeld, wenn wir eine gute Note geschrieben haben. Selten bekommen wir etwas, weil wir einfach so sind, wie wir sind. Manchmal gibt es das ganz kurz am Anfang, wenn wir uns verliebt haben. In diesem kurzen Augenblick ist einfach alles toll an unserem Angebeteten und wir haben die rosarote Brille auf. Bis zu dem Moment, wo wir auch da wieder in unsere erlernten Muster fallen, dass jemand bestimmten Erwartungen entsprechen muss und nicht einfach nur so ganz toll ist, sondern bestimmte Dinge tun muss. Dadurch, dass wir nie bedingungslose Liebe erfahren, haben wir alle das ständige nagende Gefühl von Unzulänglichkeit. Wir sind nie genug, so wie wir sind und haben immer das Gefühl, wir müssten noch mehr tun oder sein, als wir sind.

Ich habe einmal den Spruch gelesen: „Jemanden zu lieben heißt, ihn so zu sehen, wie Gott ihn gemeint hat."

Ich denke, darum geht es im Leben, dass wir uns selbst wieder so sehen lernen, wie Gott uns gemeint hat und das, indem wir es in uns selbst gefunden haben, auch in unserem Gegenüber sehen lernen.

Was braucht es denn, damit wir uns selbst wieder so sehen lernen, wie Gott uns gemeint hat?

Wir müssen einfach wieder die Leinwand werden, die wir am Anfang waren, als wir auf die Welt gekommen sind.

Aber wie kommen wir wieder dahin?

Indem wir alle Gefühle, Erwartungen Bewertungen und Ansichten, die andere über uns haben, wieder von unserer Leinwand wegwischen.

Wahrscheinlich über 90 % aller unserer Gefühle, Gedanken und Bewertungen, die wir in uns haben, gehören überhaupt nicht zu uns, sondern wir haben sie von anderen übernommen.

Als ich das das erste Mal gehört habe, habe ich auf einmal ein unbeschreibliches Gefühl von Weite bekommen. So wie wenn man auf dem Rücken liegt und in den Sternenhimmel schaut und auf einmal so ehrfürchtig wird angesichts dieser Grenzenlosigkeit. Und gleichzeitig bekommt man so ein Gefühl davon, wie klein man selbst und seine eigenen Probleme eigentlich sind angesichts dieser Größe, die einen umgibt.

Unweigerlich stellt sich dann natürlich die Frage: Wer bin ich, wenn 90 % von den Gedanken und Gefühlen, die ich habe, nicht wirklich meine sind?

Und was passiert, wenn du diese falschen Gedanken und Gefühle weglässt?
Die Antwort: Dann bist du so, wie Gott dich gemeint hat. Deine Essenz, deine wahre Größe, dein Potenzial. Dann bist du derjenige, den Gott als Geschenk für die Menschheit auf die Erde geschickt hat.
Hör also endlich auf mit angezogener Handbremse durch dein Leben zu fahren und fange noch heute an, Stück für Stück Ballast abzuwerfen.
Schmeiß die ganzen Projektionen über Bord.
Ich habe dazu eine sehr einfache Übung für dich, die durch unsere zwei größten Kräfte miteinander in Kombination ganz wunderbar leicht funktioniert:

Fantasie und Liebe, über die wir uns und unseren Körper heilen.

Hundert Wege zu uns selbst:

60-Sekunden-Übung zur Transformation von Gedanken, Gefühlen und Glaubenssätzen, die wir fortan GGG nennen

Es gibt drei Energiepunkte an unserer Hand, die es uns ermöglichen, unsere Gedanken und Gefühle zu transformieren, die ich in dem Buch „Akasha Chronik" von Gabrielle Orr gefunden habe, sie aber etwas umbenannt.

Wenn du also ein Gefühl oder Gedanken hast, transformierst du auf folgenden Ebenen:

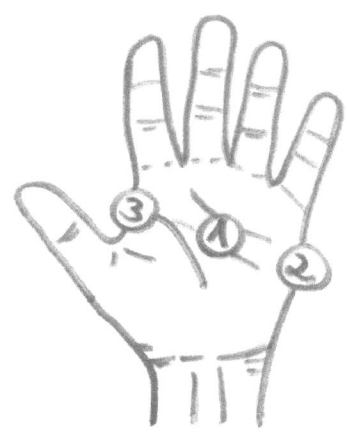

1. Haupttransformationspunkt:
Du findest ihn direkt in der Mitte deiner Handinnenfläche. Stimuliere diesen Punkt mit sanftem Druck und du löst damit sämtliche Energien, die mit diesem

Gefühl oder dem Gedanken zusammenhängen und du kannst Dinge ganz schnell viel klarer sehen.
2. Körper-Punkt
Du findest diesen Punkt an der Kleinfingerseite in der Mitte deiner Handkante. Stimulierst du diesen Punkt, werden die Energien mit dem Gedanken, dem Gefühl, der Bewertung oder dem Glaubenssatz gelöscht, die auf der körperlichen Ebene gespeichert sind.

3. Punkt der Vorfahren:
Oft übernehmen wir Muster von unseren Vorfahren und schleppen bestimmte Glaubenssätze schon seit Generationen mit uns rum. Vielleicht haben unsere Urgroßeltern schon gedacht: Das Leben ist schwer. Dir fällt es deswegen auch so schwer, die damit zusammenhängenden Muster loszulassen.

Wenn du diese drei Punkte stimuliert hast, sind deine GGGs bereits gelöscht.
Damit aber nicht genug. Wir werden die Energie noch transformieren und sie in etwas Positives umwandeln.
Du kreierst nun ein inneres Feuer aus dem positivsten Gefühl, das es gibt: der Liebe

Stell dir vor, wie es ist, wenn du total verliebt bist. Dein ganzer Körper kribbelt und du fühlst dich absolut kraftvoll und energetisch. Stell dir diese Liebe vor wie ein Feuer, das in deinem Herzen brennt.
Stelle dir nun weiter vor, dass du die GGGs, die du transformieren möchtest, zu einem Ball formen

kannst. Diesen Ball wirfst du nun in die Flamme deines Feuers der Liebe.

Nun hast du dein GGG umgewandelt.

Stell dir nun weiter vor, es gäbe ein großes Archiv in dir wie eine große Bibliothek. Dort sind alle GGGs gespeichert, die es gibt. Such dir ein schönes GGG aus, das du statt dem GGG haben möchtest, das du vorhin aufgelöst hast. Hast du vorhin zum Beispiel das Gefühl von Angst transformiert, könntest du dir jetzt Mut oder Vertrauen vorstellen und den Glaubenssatz: „Ich schaffe es. "Suche dir einfach das GGG aus, was für dich am besten passt.

Wenn du das für dich richtige GGG gefunden hast, stell dir auch das wieder wie ein Ball vor. Sieh wie er leuchtet und sehr kraftvoll ist und spüre das Licht, das von ihm ausgeht. Jetzt suche dir spontan eine Stelle im Körper aus, wo du dieses Gefühl platzieren möchtest. Ist es dein Bauch, dein Kopf, dein Herz? Wähle intuitiv und frei, wo dieses Gefühl wohnen soll. Stell dir nun vor, wie es seine Energie und sein Licht in den ganzen Körper ausstrahlt und dich komplett erfüllt.

So kannst du innerhalb von ganz kurzer Zeit jedes GGG löschen und durch etwas ersetzen, das dich stärkt. Du wirst merken, wie kraftvoll es ist, wenn du es konsequent anwendest. Es ist so, als ob wir immer mit einem Rucksack voller Steine durch eine Welt laufen, die wir nur durch einen Schleier sehen können, weil unsere GGGs uns die Welt nie so wahrnehmen lassen, wie sie ist. Wir sehen alles immer nur durch unseren Schleier, was oftmals zu etwas kindlichen Reaktionen auf eigentlich an sich neutrale Reize führt. Denn wenn uns etwas verletzt, dann sind es meistens Gefühle, die wir seit Kindesbeinen mit uns rumschleppen. Wie wir schon gesehen haben, sind wir im Prinzip alle noch kleine hungrige Kinder, die damals, als die Liebe verteil wurde, die uns hätte mit genügend Liebe zu uns selbst ausstatten sollen, nicht satt geworden sind.

Dadurch, dass wir wahrgenommene GGGs löschen, leeren wir Stück für Stück diesen schweren Rucksack aus, den wir mit uns rumschleppen und können so immer leichter durch unser Leben gehen und die Welt auch so wahrnehmen, wie sie wirklich ist - ohne den Schleier, der alles verzerrt und uns zu Marionetten unserer GGGs macht. Denn wann reagieren wir wirklich authentisch so, wie wir wirklich reagieren möchten? Nehmen wir ein kleines Beispiel aus dem Alltag. Du hast gekocht, dein Partner/deine Partnerin kommt nach Hause und du servierst die Suppe, die du gekocht hast. Dein Partner fragt: „Was schwimmt denn da Grünes drin rum?" Die wenigsten können dann einfach neutral sagen: „Das sind Bohnen." Die meisten haben sofort Gedanken wie: Soll er/sie doch selbst kochen, wenn es ihm/ihr nicht schmeckt oder wir sind sofort enttäuscht, dass wir so viel Zeit invertiert haben und der andere nichts anderes zu tun hat, als zu meckern. Wir sind traurig, weil wir wieder nicht gut genug waren und der Partner nicht gesehen hat, wie wir uns bemüht haben. Dabei war die Frage ganz neutral gemeint, aber kann durchaus zu einem Streit führen, der wegen nichts entstanden ist. Nur, weil zwei emotional hungrige Kinder am Tisch sitzen. Das eine stellt die Frage, das andere Kind reagiert empört und der Fragesteller weiß gar nicht, was los ist und reagiert seinerseits verletzt, weil er doch gar nichts gemacht hat und nun plötzlich angegriffen wird. Plötzlich ist die Stimmung gekippt und wir wissen überhaupt nicht, wie wir da hineingeraten sind und warum wir nun nicht einfach in Frieden das leckere Essen genießen können, sondern genervt am Tisch sitzen, weil der anderen uns und unsere Bedürfnisse nicht wahrgenommen hat. Aber wir müssen uns auch klarmachen, dass es nicht die Aufgabe des Partners ist, uns satt zu machen, sondern dass wir unseren Rucksack ausleeren, die Gefühle transformieren und durch GGGs ersetzen, die uns nähren.

Falls du diese Übung im Schnelldurchlauf an der roten Ampel oder an der Supermarktkasse machen möchtest, gibt es dazu auch den

GGG-Quicky:
Lass die drei Punkte weg und stelle dir nur vor, wie du den Ball mit den ungewünschten GGGs in dein Feuer wirfst und such dir das gewünschte Gefühl aus und lege es in deinem Körper ab.

8. Welche Nahrung ernährt mich wirklich?

Dieses Kapitel wird also von Ernährung handeln.
In meinen Augen ist dies eins von diesen Themen, bei denen der Input immer umgekehrt proportional zum tatsächlichen Wissen zu sein scheint. Je mehr ich darüber lese, desto weniger weiß ich.

Da ich selber überhaupt keinen Spaß an Chemie und an Nährwerttabellen habe, werde ich dir hier so etwas auch nicht anbieten, sondern stattdessen, wie im Rest des Buches auch, auf grundlegende Prinzipien eingehen, die auf alles andere im Leben anwendbar sind, weil für mich die Wahrheit nicht in den kleinen Details liegt, die mir persönlich auch relativ egal sind, sondern in den Gesetzmäßigkeiten des Lebens.

Ich persönlich habe mir in Bezug auf Ernährung eigentlich immer recht wenig Gedanken gemacht, weil ich nie Probleme mit meinem Gewicht hatte. Ich war immer eher zu dünn als zu dick, so dass die Motivation der Gewichtsreduzierung schon mal weggefallen ist.

Was mir aber den Impuls zum Nachdenken gegeben hat, war das Ergebnis einer Studie, in der es hieß, dass wir **80 %** der Energie, die wir durch Nahrung aufnehmen, wieder zur Verstoffwechselung derselben verbrauchen.

Das ist doch krass, oder?!

80 %!

Das ist ja gerade so, als ob ich einen Job habe, bei dem ich 1000 € im Monat verdiene und allein 800 € Spritkosten habe, um dorthin zu gelangen.

Oder als ob ich im Supermarkt immer etwas für 2 € kaufe, mit einem 10 € Schein zahle, aber nie mein Wechselgeld zurückbekomme. Die 8 € sind einfach immer weg.

Das hat der Betriebswirtin in mir sehr stark zu schaffen gemacht und mich angetriggert, weil ich in meinem Leben recht viel Energie brauche. Ich habe mehrere Jobs, habe Freunde, die ich über alles liebe und gerne sehen möchte, Hobbys, die ich machen möchte, Sport, lesen, lernen, Musik machen und 1000 andere schöne Dinge eben. Da kann mir doch keiner mit so einer vernichtenden Bilanz kommen…

Aber natürlich hat es den Forschergeist in mir geweckt und mich nach Lösungen suchen lassen, wie es auch anders gehen kann. Im Studium habe ich zum Beispiel gehört, dass Babys, die mit Muttermilch gefüttert werden, teilweise tagelang keinen Stuhlgang haben, weil sie komplett alles aufnehmen und verwerten können. Das ist natürlich eher etwas für mich: Ressourcen komplett nutzen, das ist super und sehr ökonomisch und hat mich sehr zufrieden gemacht.

Aber wie kommen wir denn an so eine Nahrung, die für uns so gut zu verwerten ist und die nicht einfach nur gesund und nahrhaft, sondern trotzdem lecker ist?

Ein ganz wichtiger Punkt ist dabei die Art, wie wir unser Essen zu uns nehmen.

Zuerst einmal hat es auch wieder etwas mit Achtsamkeit zu tun. Damit, dass wir selbst Experte für unseren Körper sind und wissen, was uns gut tut. Ich habe dir vorhin ja auch schon zwei Techniken beschrieben, wie du eine Vorauswahl für die Nahrungsmittel triffst, die gut für dich sind. Ich mache es ganz oft mit der Frage: Was würde ich jetzt einkaufen, wenn ich mich selbst bedingungslos lieben würde?

Du kannst deinen Körper auch direkt fragen, was ihn nähren soll und auf das Gefühl in dir lauschen. Wenn es sich leicht anfühlt, dann ist es das Richtige für deinen Körper, fühlt es sich schwer an, dann kann dein Körper nichts damit anfangen.

Eine dritte Variante ist unser Körperpendel aus Kapitel 2.

Dann folgt der wahrscheinlich wichtigste Schritt, den wir aber immer größtenteils überspringen, obwohl es sehr essentiell ist und einen Großteil der Nahrungsaufnahme ausmachen sollte:

das Kauen.

Meine Mama hat früher schon immer zu mir gesagt: „Kind, kaue ordentlich, denn der Magen hat keine Zähne." Damals habe ich es aber nicht zu schätzen gewusst, weil ich gar nicht so richtig wusste, was es bedeutet. War ja logisch, dass der Magen keine Zähne hat.

Wie viel Weisheit in diesem kleinen Satz steckt, ist mir erst jetzt viel später bewusst geworden und dass dahinter ein Geheimnis der Verdauung liegt, das im Prinzip fast auf alle gängigen Ernährungsfragen anwendbar ist und wieder eines meiner liebsten Prinzipien enthält:

Das Geniale ist immer einfach.

Das Geheimnis liegt im Kauen und nicht in Nährwerttabellen.

Du denkst jetzt, dass das total unspektakulär ist?

Ganz und gar nicht, denn es hat so viele ungeahnte Auswirkungen, dass man alleine darüber schon fast ein Buch schreiben könnte. Wenn wir nicht richtig kauen, kommt unser Körper an die vielen tollen Nährstoffe, die in der Nahrung enthalten sind, oftmals gar nicht ran. Ich stelle es mir so vor, als ob mir der Postbote jeden Tag ganz viele Päckchen bringt, die ich aber nicht öffnen kann, weil sie ganz speziell verpackt sind. Sie stapeln sich alle bei mir zu Hause und irgendwann muss ich sie irgendwie entsorgen, weil mir die Werkzeuge fehlen da ran zu kommen und die Entsorgung ist dann sehr kompliziert und aufwendig und kostet viel Energie, ohne dass ich davon einen Nutzen habe.

Es hat noch weitere Auswirkungen, wenn wir richtig kauen:

1. Die Lebensmittelindustrie gibt sich die größte Mühe, uns alle möglichen Dinge schmackhaft zu machen, die eigentlich nicht mehr unbedingt unter dem Begriff „Lebensmittel" geführt werden sollten, weil sie weder selbst lebendig sind, noch mit dem Leben wirklich vereinbar sind. Spätestens, wenn das „Lebensmittel" eine längere Lebensdauer hat als du, sollte dir klar sein, dass mit diesem Produkt etwas nicht stimmen kann.

Wenn wir also ein Lebensmittel in den Mund nehmen und wirklich lange kauen, dann sagt uns unser Geschmack schon, ob es für uns verwertbar ist oder nicht. Bei den industriell verarbeiteten Lebensmitteln ist nach 3-4 Mal kauen bereits die Geschmackshülse abgelutscht und zum Vorschein kommt der wahre

Geschmack dahinter - und der ist meistens alles andere als ein Genuss. Wenn es zu dem Zeitpunkt für dich nicht mehr lecker schmeckt, möchte ich dich bitten, dieses Lebensmittel auszuspucken, weil es für dich nicht verwertbar ist. Dein Körper will es nicht und kann damit nichts anfangen. Mache den Test, indem du wirklich lange kaust. Damit meine ich etwa 50 Mal und mehr. Im Prinzip so lange, bis es so flüssig ist, dass du es nicht mehr im Mund behalten kannst und es von selbst in die Speiseröhre rutscht. Du kannst es dann später auch in deine Testreihe zum Überprüfen von Lebensmitteln mit aufnehmen. Stelle dir einfach im Supermarkt vor, wenn du Lebensmittel für dich aussuchst, dass du da so oft drauf herum kaust und du merkst bei diesem gedanklichen Test schon, ob es dir gut tun wird. Wenn du den Gedanken schon ekelig findest, etwas so lange im Mund zu behalten, dann tut es deinem Körper nicht gut und du kannst es sicher nicht verstoffwechseln.

2. Unser Sättigungsgefühl ändert sich. Grundsätzlich setzt es ein, wenn unsere Magenschleimhaut komplett mit Speisebrei bedeckt ist. Wenn wir uns vorstellen, wir würden Würfel mit 1 cm Kantenlänge hinunterschlucken, dauert das Einsetzen des Sättigungsgefühls wesentlich länger, als wenn wir die Nahrung bis auf ein 100stel dieser Größe reduziert haben, indem wir gut gekaut haben. Wir werden also nur noch einen Bruchteil der Nahrung benötigen, die wir vorher gebraucht haben. Wir haben also unsere Ressourcen wesentlich besser ausgenutzt als vorher. Dabei sollte natürlich klar sein, dass wir aufhören zu essen, sobald

das Sättigungsgefühl einsetzt.Der Speisebrei hat eine wesentlich kürzere Verweildauer im Magen-Darmtrakt, so dass es zu weniger Gärungs- und Fäulnisprozessen kommt. Wir sparen also auch hier enorm viel Energie ein.

3. Ein weiterer Aspekt, der uns schlanker werden lässt, ist unser Insulinspiegel. Normalerweise steigt das Insulin nach einer Mahlzeit stark an. Durch das verstärkte Kauen sind die Ausschläge in der Kurve wesentlich geringer. Insulin steigert, wenn es im Blut ist, den Fettaufbau und hemmt gleichzeitig den Fettabbau. Wenn es also weniger ausgeschüttet wird, kann umgekehrt mehr Fett abgebaut und weniger aufgebaut werden.
Das verstärkte Kauen macht zudem glücklich, weil durch die Kaubewegung Endorphine ausgeschüttet werden und es hält gesund, weil verstärkt Immunglobuline durch den Speichel in den Organismus gelangen.

4. Ein intensives Kauen schützt vor Übersäuerung, da der Speichel basisch ist und vermehrt produziert wird.

Es geht beim Thema Nahrung also auch wieder sehr viel um Achtsamkeit und drei einfache Prinzipien:

1. **Iss wirklich nur die Dinge, die dir guttun.**
2. **Iss dann, wenn du wirklich Hunger hast.**
3. **Iss so viel, bis du satt bist und höre dann auf.**

Beobachte dich und schaue, was nach dem Essen passiert. Viele Menschen denken, dass es normal ist, dass man sich nach dem Essen müde und kaputt fühlt. Das ist natürlich völlig unlogisch, da uns Nahrung ja Energie zuführen und nicht entziehen sollte.
Schaue also für dich, was die Nahrung mit dir macht und was sie für ein Gefühl in dir hinterlässt. Hast du danach ein Völlegefühl und fühlst dich schlapp, dann hast du ein Nahrungsmittel gewählt, dass nicht mit deinem System kompatibel ist oder du hast viel zu viel gegessen.
Hier gibt es aber auch wieder keine Experten und keine universellen Gesetze, die auf alle Menschen zutreffen, so dass du deinen eigenen Weg finden musst.
Es gibt Ernährungsvorschläge, die aber aufgrund der vielen Komponenten im menschlichen Organismus keine Gesetze sind, die auf jeden passen.
Es gibt einen ganzen Dschungel von Büchern über Ernährung.
Ernährung nach der Blutgruppe, nach ayurvedischen Prinzipien, nach den fünf Elementen, nach dem Mond, Paleo, vegan und noch viele andere mehr.

Das sind alles gute Ideen und Vorschläge und sie machen sicherlich auch auf die eine oder andere Art Sinn, aber wie wir gesehen haben, bist *du* der Experte für deinen Körper und nur du kannst herausfinden, was für dich gut ist. Vielleicht braucht es ein wenig Übung, aber wenn du achtsam mit dir bist und die Lebensmittel sorgsam auswählst und gut kaust, dann wirst du schon bald ein völlig anderes Verhältnis zum Thema Essen haben, als du es bislang hattest.

Ein weiterer wichtiger Aspekt beim Thema Essen sind unsere Emotionen. Schon von Beginn unseres Lebens an findet eine Koppelung von Essen an Emotionen statt. Wenn wir als Baby gefüttert werden, entsteht immer Nähe. Wir werden entweder an die Brust gelegt oder wir kommen auf den Arm und bekommen unser Fläschchen.

Das führt zu einer Konditionierung. Du kennst das sicher, das Experiment von Pawlow.

Der Wissenschaftler Pawlow stellte fest, dass Hunde vermehrt Speichel produzieren, wenn sie Futter gebracht bekamen. Sie mussten dafür das Futter noch gar nicht sehen, sondern nur die typischen Geräusche hören, die ihnen signalisierten, dass sie gleich Futter bekommen würden und schon steigerte sich die Speichelproduktion.

Da kam ihm die Idee, die Futtergabe mit einem neutralen Reiz zu koppeln und er läutete immer eine Glocke, wenn die Hunde ihr Futter bekamen. So wurden sie darauf konditioniert, dass es immer Futter gibt, wenn die Glocke läutet. Im nächsten Schritt läutete er nur die Glocke, ohne dass es Futter für die Hunde gab und die Speichelsekretion setzte trotzdem ein, weil innerlich die Koppelung von Futter und dem Glockenton stattgefunden hatte.

Im Prinzip sind wir Menschen also auch von Anfang unseres Lebens darauf konditioniert, dass Essen mit Nähe und liebevoller Zuwendung und Aufmerksamkeit gekoppelt ist. Das ist natürlich etwas, was bei uns auf unbewusster Ebene abläuft. Viele Menschen essen oft nicht, weil sie wirklich Hunger haben, sondern weil sie sich nach diesem Gefühl sehnen, was an das Essen gekoppelt ist. Es ist also sehr interessant, dich zu fragen, wenn du „Hunger" hast, ob es tatsächlich Hunger ist oder ob du dich eigentlich gerade nach etwas anderem sehnst. Sehr oft sind es nämlich diese anderen Arten von Hunger, die befriedigt werden möchten. Vielleicht sehnst du dich eigentlich gerade nach Nähe, nach einer Umarmung oder Liebe. Finde also zuerst den wahren Grund, warum du jetzt essen willst. Wenn es tatsächlich physischer Hunger ist, dann iss.

Wenn du aber eigentlich gerade seelischen Hunger hast, dann schau, wie du diesen anders befriedigen kannst als über Essen, denn wenn du seelischen Hunger hast, wird dich Essen niemals satt machen. Egal, welches Nahrungsmittel du zu dir nimmst, der Hunger hört nie auf.

Wenn du also wirklich satt werden möchtest, dann finde dein „warum" und gehe los, um das zu bekommen. Möchtest du dich geborgen oder geliebt fühlen, dann schaue, wo du das jetzt herbekommen kannst. Gibt es einen Partner in deinem Leben, den du bitten kannst, dich in den Arm zu nehmen, eine gute Freundin, deine Eltern, Großeltern etc.?

Wenn es so gar niemanden gibt, dann nimm dich gedanklich selbst in den Arm. Das klingt vielleicht blöd, aber ist eines der größten Geschenke, das wir uns selbst machen können.

Sich selbst lieben zu lernen ist einer der ganz großen Schlüssel im Leben. Wenn wir uns selbst bedingungslos lieben lernen, verändert sich sehr viel im Leben. Dazu kommen wir in einem späteren Kapitel nochmal.

Jetzt widmen wir uns weiter den Emotionen, die an die Nahrung geknüpft sein können.

Tatsächlich hat Essen viel mehr Funktionen, als uns Energie zu geben. Wir haben schon gesehen, dass uns oft Emotionen steuern, Essen aufzunehmen.

Es gibt aber auch den umgekehrten Weg, dass wir unsere Emotionen verändern möchten durch das Essen.

Essen ist von Kindesbeinen an oft auch eine Belohnung. Wenn wir etwas gut gemacht haben, werden wir mit Schokolade oder einer anderen Süßigkeit belohnt. Das machen wir als Erwachsene oft immer noch! Wir belohnen uns oft mit Essen.

Da Essen früher im Kreis der Familie stattfand, verbinden wir es auch oft mit Gemeinschaft. Wenn ich mich also nicht so alleine fühlen möchte, dann esse ich.

Manchmal geht es auch andersrum: Wir können uns über Essen auch bestrafen. Wir fühlen uns nicht gut und ziehen uns über ungesunde Nahrung noch weiter runter.

Nahrung kann auch zum Energieausgleich verwendet werden, wenn wir überdreht sind. Ich habe manchmal zu viel Energie und merke dann, dass ich etwas esse, was mir nicht so guttut, um mich etwas runter zu holen.

Sei also bei der Nahrungsaufnahme sehr achtsam!

Schau darauf, warum du essen möchtest.

Ist es physischer oder psychischer Hunger?

Das kann gerade wichtig sein, wenn du Gewicht verlieren möchtest. Wenn du auf Nahrung verzichtest und deine Nahrung eigentlich ein Schrei nach Liebe ist, kannst du sehr unglücklich werden, wenn du nur noch ganz wenig isst. Es wird dir wesentlich leichter fallen, wenn du das Warum kennst und einen Ausgleich schaffst, Gewicht zu verlieren, wenn du dich emotional satt gemacht hast. Weil du dann merkst, dass du die Nahrung in dem Maße gar nicht brauchst, wie du es gedacht hast.

Oder ist es vielleicht anders herum und du möchtest nicht essen. Falls du nicht essen möchtest, kannst du dich natürlich auch fragen, was das emotional bedeutet.

Kannst du keine Liebe annehmen?

Möchtest du dich selbst bestrafen?

Möchtest du beweisen, dass du alles unter Kontrolle hast?

Möchtest du beweisen, dass du nichts und niemanden brauchst?

Spüre einfach in dich rein und stelle dir diese Fragen.

Du weißt innerlich genau, was du damit bezweckst.

Und da du weißt, dass Essen oft emotionale Komponenten hat, kannst du vor dem Essen deine Emotionen ändern, indem du zum Beispiel laufen gehst, tanzt, mit einem lieben Menschen telefonierst etc.

Was auch immer du von diesen Anregungen zum Thema Essen mitgenommen hast – ich möchte dich inspirieren, wieder ein ganz natürliches Verhältnis zur Nahrung aufzubauen. Es ist schon sehr interessant, dass eigentlich fast niemand mehr ein solches Verhältnis hat. Ich kenne zumindest niemanden, der ganz intuitiv mit Essen umgeht. Bei den meisten Menschen ist Essen ein Instrument geworden und viele haben negative Gefühle dazu, weil sie denken, sie und ihr Körper seien nicht in Ordnung. Wenn du mit deinem Körper gerade auch nicht zufrieden bist, dann frage dich, wie du es gerne hättest und frage deinen Körper auch, wie er dahin kommen möchte. Mache ein Plakat, so wie wir es am Anfang besprochen haben und sei dir sicher, dass dein Körper nichts macht, um dir zu schaden. Er möchte dir helfen. Egal welche Form er hat, versucht er dir zu dienen. Oftmals legen wir uns einen Schutzwall zu. Gerade wenn wir eher sensibel sind, kann es sein, dass wir körperlich einen größeren Schutzwall brauchen.

Auf das Thema Schutz kommen wir später nochmal zurück, wenn wir über das Immunsystem sprechen, das ja viel mit Schutz zu tun hat.

Für den Moment kannst du dich fragen, wie du dich in deinem Körper fühlst.
Wie würdest du dich gerne stattdessen fühlen?
Wie sind die Schritte, um dorthin zu gelangen?

Mache dir einen Plan und schreibe auf, was du heute dafür tun kannst.

Wenn du anfangen möchtest, eine Diät zu machen, achte bitte darauf, dass du trotzdem Spaß hast dabei. Mach es nicht so, dass es sich anfühlt, als wärst du ein Mönch und müsstest Askese betreiben.
Mach ein Spiel draus.
Frag dich zum Beispiel im Supermarkt:
Was würde ich einkaufen, wenn ich mich selbst bedingungslos lieben würde?
Was würde ich kaufen, wenn ich in einem superfitten energiegeladenen Körper wohnen würde?
Was würde ich meinem Körper zu essen kaufen, wenn wir ein Team wären?

Lerne, liebevoll mit deinem Körper umzugehen und ihn dementsprechend zu behandeln. Er trägt dich schon dein ganzes Leben durch die Welt und lässt dich diese wunderbaren Erfahrungen machen. Behandele ihn wie einen Freund und frage ihn:
Wie kann ich dir heute eine Freude machen?

Du musst, was die Ernährung betrifft, auch nicht immer alles richtig machen. Mache es so, dass du ein gutes Gefühl hast. Ich glaube nicht, dass es gesund ist, wenn wir jeden Morgen missmutig unser Müsli zum Frühstück essen und es überhaupt nicht mögen. In meinen Augen kann das nicht gut sein. Finde ein Essen, was dir schmeckt (auch wenn du es lange kaust) und was toll aussieht und dich so richtig glücklich macht, denn es ist sehr wichtig, dass du glücklich bist.

Und sei nicht so hart mit dir. Es völlig ausreichend, wenn du zu 80 % „gute" Sachen isst, dann kannst du 20 % „schlechte" Dinge verschmerzen.

Aber eine gute Basis ist wichtig, damit du in einem schönen, gesunden und fitten Körper wohnen kannst. Siehe deinen Körper als ein Gefährt, was du für dieses Leben geliehen bekommen hast. Wie würdest du mit einem Leihwagen umgehen?

Würdest du da ständig den falschen Kraftstoff hineingeben?

Nein, denn du möchtest ja möglichst schnell am Ziel ankommen. Und du gibst auch Acht, dass er von innen und außen schön bleibt, würdest Wasser und Öl nachfüllen, damit alles wie geschmiert läuft.

Ich denke, wir sollten auf uns mindestens genauso achten wie auf einen Leihwagen. Bitte achte auf dich und lerne, deine Kontrolllichter zu beachten. Beim Auto fährst du auch nicht einfach weiter, wenn die Bremsen nicht funktionieren. Halte also inne, wenn du merkst, du bist müde und ausgelaugt. Wenn deine „Tankanzeige" aufleuchtet, nimm dir Zeit, mal wieder deinen Akku aufzuladen. Nimm dir Zeit für dich und die Wartungsarbeiten, die nötig sind.

9. Wie bewege ich mich sinnvoll?

„Bewegung ist Leben. Leben ist ein Prozess. Verbessere die Qualität des Prozesses und du verbesserst die Qualität des Lebens selbst."
Moshe Feldenkrais

Wir wissen alle, wie wichtig Bewegung ist. Es ist von der Evolution immer noch so in uns programmiert, dass sich Funktionen und Muskeln, die nicht benutzt werden, zurückbilden. Wenn früher ein Mensch nicht mehr jagen ging, sich also nicht mehr bewegte, war das das Signal für den Körper, dass er sich degenerieren und auf das Sterben vorbereiten konnte. Möchtest du, dass sich dein Körper auch schon frühzeitig auf das Altern und den Tod vorbereitet? Sicherlich nicht. Darum bewege dich täglich. Und das bedeutet nicht nur den kurzen Weg vom Frühstückstisch zum Auto. Bewege dich jeden Tag mindestens eine halbe Stunde lang so, dass du ins Schwitzen kommst, damit dein Körper weiß, dass er noch gebraucht wird.
Aber auch da ist es, genau wie beim Essen, nicht nur wichtig, **dass** wir es tun, sondern fast noch wichtiger, **wie** wir es tun.
Es gibt wieder ein paar Prinzipien.
Ein wichtiges Prinzip ist unsere Achtsamkeit.
Achtsame Bewegungen sind die, die dir und deinem Körper gut tun und keine bleibende Spannung erzeugen.

Spannung und Stress rauben uns unsere Energie. Was wir wollen ist ein ausdauernder, geschmeidiger Körper.

Spannung erzeugt Druck und verhindert, dass unsere Energie frei fließen kann.

Wir können uns das bildlich vorstellen. Es gibt eine Achse in unserem Körper, die vom höchsten Punkt unseres Scheitels senkrecht nach unten verläuft. Unsere Wirbelsäule ist ein sogenanntes Achsorgan. Sie hat einzelne Wirbelkörper und Bandscheiben. Im Rückenmark verlaufen Nervenbahnen vom Gehirn nach unten in den Körper und treten aus den Zwischenwirbellöchern nach außen, von wo aus sie unsere Muskeln und Organe versorgen. Wenn unsere Wirbelkörper blockiert sind und nicht richtig aufeinandersitzen, hat dies auch eine Auswirkung auf die austretenden Nerven und es werden nicht mehr so viele Impulse übertragen. Ein bisschen ist das so, als wenn du deine Blumen im Garten gießen willst und jemand steht auf deinem Gartenschlauch. Es kommt dann nicht mehr so viel Wasser raus wie eigentlich sollte. So ähnlich sieht es auch bei uns an der Wirbelsäule aus, wenn die Wirbel blockiert sind. Wir drehen uns sozusagen den eigenen Saft ab und die Organe können nicht mehr optimal versorgt werden. Es kann also sein, dass ein Organ an sich 100 % in Ordnung ist, aber da nicht mehr genügend Impulse ankommen, es in seiner Leistung eingeschränkt ist.

Wenn unsere Muskulatur verspannt, dann wird ihre Durchblutung beeinträchtigt und die Sauerstoffversorgung verschlechtert sich. Auch hier drehen wir uns also den Saft ab und die Energie kann nicht mehr frei fließen.

Wir erreichen im Prinzip das Gegenteil von dem, was unsere ursprüngliche Intention war. Statt uns fitter und gesünder zu fühlen, übersäuern wir, haben Muskeln, die durch die Verkürzung zu stark ziehen und möglicherweise so die ganze Statik durcheinanderbringen und zu Funktionsstörungen führen, weil einige Gelenke nicht mehr frei beweglich sind etc.

Um also wieder in unsere natürlichen Bewegungsmuster zu kommen, ist es wichtig, deinen Körper zu beobachten. Spüre nach, wo du zu viel Spannung hast. Also nicht nur beim Sport, sondern immer. Fange an, nach dem ökonomischen Prinzip zu arbeiten und verschenke keine Energie. Behalte sie für dich. Wenn du zum Beispiel am Schreibtisch sitzt und etwas schreibst, beobachte dich beim Sitzen. Scanne dich von oben nach unten durch.

Wie ist die Haltung deines Kopfes?

Ist es bequem oder erzeugt es Spannung, wie du ihn hältst?

Macht es einen Unterschied, wenn du ihn ein bisschen nach vorne oder hinten schiebst?

Wie fühlen sich deine Schultern an?

Ziehst du sie hoch oder sind sie schön entspannt? Hochgezogene Schultern sind gerade bei Stress der Klassiker, machen aber nicht wirklich Sinn. Also schön tief durchatmen und die Schultern entspannen und ein bisschen nach hinten unten ziehen, damit deine Lunge frei ist und du dort keine Einschränkungen hast, die dich daran hindern, möglichst viel Energie von außen durch die Atmung aufzunehmen.

Wie sieht es in deinen Armen aus?

Hast du da nur so viel Spannung wie nötig oder verschwendest du auch dort kostbare Energie?

Wie kippst du dein Becken am besten, damit dein unterer Rücken schön entspannt sein kann?

Spiele mit verschiedenen Körperhaltungen und finde heraus, wie du Spannungen eliminieren kannst.

Sind deine Beine locker und entspannt?

Und wenn nicht, wie kannst du dort Spannung herausnehmen?

Achte bei jeder Bewegung darauf, wie du sie machst. Das ist am Anfang sehr mühsam, aber es zahlt sich aus, weil du deinem Körper die Möglichkeit gibst, sich natürlich zu bewegen. So, dass es ihm keine unnötige Kraft raubt und alles schön geschmeidig bleibt oder wird.

Wenn du anfängst Sport zu machen, achte bitte genau darauf, was und wie viel deinem Körper gut tut. Baue auch dort keine großen Spannungen oder Druck auf. Wenn du beginnst Sport zu machen, mache lieber weniger als zu viel und falsch. Wir sind es aus unserer Leistungsgesellschaft so gewöhnt, gleich ganz viel zu machen und möglichst große Leistungen vorweisen zu können und am liebsten gleich nach ein paar Wochen Training an einem Marathon teilnehmen zu können. Sicherlich ist das möglich, aber viel wichtiger als die Leistung ist es, dass wir es entspannt und nicht verbissen machen.

Spannung erzeugst du, wie wir gesehen haben, zum einen dadurch, dass du deinen Körper falsch belastest. Wenn du anfängst zu laufen, achte also ganz genau darauf, dass du keine Spannung aufbaust. Mache auch da wieder die Reise durch deinen Körper wie vorhin im Sitzen und schaue darauf, wie es sich beim Laufen anfühlt. Hast du zu starke Spannung in den Beinen, kippe dein Becken mal vor und zurück und schau, wie es dann aussieht und laufe mit der Beckenposition weiter, wie es am angenehmsten ist.

Wie kommt dein Fuß auf dem Boden auf?

Ist das optimal oder kannst du es positiv verändern?

Wie ist die Spannung deines Rückens?

Findest du eine Haltung, bei der du die Spannung loslassen kannst?

Sind deine Schultern locker?

Deine Arme entspannt?

Musst du sie tatsächlich so hochhalten oder wäre es entspannter, sie etwas tiefer locker neben deinem Körper schwingen zu lassen?

Wenn deine Körpereinstellungen stimmen, achte bitte darauf, dass dein Atem locker fließt und das auch die ganze Zeit gegeben ist. Mache dazu eine Art Laufmeditation, indem du vier Schritte einatmest, vier Schritte aus, nach einiger Zeit fünf Schritte ein, fünf Schritte aus, dann sechs Schritte ein, sechs Schritte aus etc. Wenn dein Atem nicht gleichmäßig fließt, erzeugst du Druck. Das heißt, dein Blutdruck steigt viel höher an, als er müsste. Wenn du merkst, dass du mit normal fließendem Atem nicht mehr weiterkommst, starte mit burst breathing. Das heißt, du machst deinen Atem hörbar und atmest in der Frequenz, die du brauchst, um Druck und Schmerzen abzubauen. Insbesondere bei starker Anstrengung wie Liegestützen, Gewichtheben etc., wo du an deine Grenzen gehst und sie verschieben möchtest, mache dir burst breathing zu Nutzen. Wenn du es dadurch nicht mehr kontrollieren kannst, beende die Übung. Dein Körper liebt Bewegung und liebt es auch gefordert zu werden. Gib ihm einfach etwas Zeit am Anfang. Wenn du liebevoll mit ihm umgehst, wirst du ganz schnell Erfolge haben. Und du kannst dir sicher sein, dass du dadurch Trainingsausfälle durch Schmerzen vermeidest.

Wenn du noch nicht so weit joggen kannst, gib dir Zeit. Ich sage immer, ich jogge so weit, wie es Ausdruck meiner Lebensfreude ist. Wenn es schmerzt und verspannt, dann macht es keinen Spaß und ich laufe ein Stück normal, bis mein Körper wieder richtig Lust drauf hat zu laufen.

Sei dir sicher, wenn du 10 Schritte locker und geschmeidig laufen kannst, kannst du auch 10.000 Schritte locker und geschmeidig laufen, denn das sind einfach 1000 x 10 Schritte. Oftmals liegt es einfach an unserem mindset, dass wir nicht ausdauernd sind. Wir sagen uns von Anfang an, dass wir einfach keine Ausdauer haben und was macht unser lieber, treuer Körper? Er glaubt es und zieht die Handbremse an! Versuche auch immer im Moment zu bleiben und nicht an die Strecke zu denken, die du gerade vor dir hast, denn dann sind wir manchmal schon vorm Loslaufen erschöpft, weil es uns so ewig lange vorkommt. Die richtige Einstellung ist sehr entscheidend. Wenn du eine positive Einstellung beim Laufen hast, löst du deine Handbremse. Laufe locker und lächle. Wenn du zwischendurch mal normal laufen willst, sei nicht so hart mit dir. Das macht nichts. Kontrolliere immer wieder deine Atmung und Körperhaltung. Das ist eine der wichtigsten Übungen beim Laufen. Kontrolliere so lange intensiv, bis es sich verselbstständigt hat. Aber wie alles im Leben braucht es etwas Zeit, bis etwas Neues im Leben zur Autobahn in unserem Hirn wird. Wir müssen erst den kleinen Trampelpfad wieder und wieder laufen. Das ist ein Prozess. Sei dabei liebevoll und geduldig mit dir.

Ich arbeite bei allem im Leben sehr gerne mit inneren Bildern, die mir helfen, Dinge leichter zu machen. Auch hier stelle ich Fragen.

Hundert Wege zu der Einfachheit in der Bewegung:

Wie würde sich das Laufen anfühlen, wenn ich der beste Marathonläufer der Welt wäre?
Wie wäre das Laufen, wenn ich total ausdauernd und fit wäre?

Manchmal stelle ich mir vor, ich könnte mir den Körper eines Leistungssportlers leihen und quasi in ihn reinschlüpfen.

Ich stelle mir vor, dass ich ein Bändchen oben am Kopf habe, das mich hochzieht, oder Bänder an den Knien, die meine Beine hochziehen, wenn sie langsam schwer werden.

Wenn ich einen Berg hochlaufe, stelle ich mir vor, es geht bergab etc.
Wenn ich nicht mehr kann, dann stelle ich mir vor, es schiebt mich jemand von hinten an etc.
Probiere aus, was für dich passt.

Ich benutze auch oft den Satz: „Wenn ich einen Schritt machen kann, kann ich auch 10.000 Schritte (oder wie viele auch immer) machen." Ich benutze es wie ein Mantra. Ich sage es mir innerlich immer wieder und so kann ich mühelos viel weiter laufen.

Was auch immer du tust: Achte auf die Spannung und denke nicht an Dinge, die dich runterziehen, denn das kappt sofort deine Energie.

10. Wie schlafe ich gesund?

Damit wir wirklich energiegeladen sind, alle unsere Projekte in die Tat umsetzen können und uns erholt fühlen und vor Kraft strotzen, ist ein erholsamer Schlaf natürlich unabdingbar.

Allerdings scheint ein gesunder Schlaf für viele nicht mehr so selbstverständlich zu sein und etwa 15 % aller Deutschen leiden an Schlafstörungen. Wahrscheinlich ist ein Grund dafür, dass wir uns nicht mehr im Einklang mit der Natur im natürlichen Rhythmus bewegen. Wir stehen auf, wenn es noch dunkel ist und gehen auch teilweise erst mitten in der Nacht ins Bett, nachdem wir am besten vorher noch die Nachrichten gesehen und schnell noch ein paar E-Mails gecheckt haben. Da ist es für den Körper oftmals schwierig von jetzt auf gleich in die Entspannungsphase zu kommen, vor allem, wenn du noch eine schwere Mahlzeit zu dir genommen oder vor dem Fernseher noch Chips und Schokolade gegessen hast und dadurch deinen Körper noch dazu zwingst auf Hochtouren zu laufen. Da kann es für ihn schwierig sein Ruhe zu finden, wenn dein Gehirn gerade noch die Nachrichten und der Magen die Pommes und die Schweinshaxe verdaut.

Deswegen wäre es vielleicht sinnvoll zu überlegen, wie du deinem Körper den Einstieg in die Ruhephase erleichtern könntest.

Auch da möchte ich dich ermuntern, auf dich zu hören und scheinbar allgemeingültige Regeln in Frage zu stellen. Du bist du und brauchst ganz individuell, was *du* brauchst.

Schau mal, wie deine Schlafstörungen aussehen.

Wenn du Probleme hast mit dem Einschlafen, weil dir noch 1000 Dinge durch den Kopf gehen, könnte es vielleicht sinnvoll sein, dafür zu sorgen, die Stunde vor dem Zubettgehen nicht mehr fernzusehen, Nachrichten zu hören oder E-Mails zu checken.

Wenn du nachts wach wirst und nicht mehr einschlafen kannst, könnte es sein, dass dein Körper dir gerne etwas mitteilen möchte, was gerade nachts sehr effizient ist. Wir haben ja vorhin schon gesehen, dass es super ist, wenn unser Gehirn das Alpha-Wellen-Muster aufweist, weil wir dort in der Frequenz einer Meditation sind und sozusagen im Kontakt mit unserer inneren Weisheit stehen. Wieso nicht diese magische Zeit in der Nacht sinnvoll nutzen, wenn du sowieso nicht schlafen kannst?

Du kannst dir vor dem Zubettgehen eine Frage notieren, die du gerne beantwortet hättest und wenn du aufwachst ein kleines Licht anmachen. Am besten nicht zu hell, damit du nicht aus der Alpha-Phase rausfällst und gleich unsanft im Wachzustand landest. Lies dir deine Frage nochmal durch und fange einfach an zu schreiben. Selbst wenn es erstmal losgeht mit: „Ich habe keine Lust, mir ist kalt und wer ist eigentlich auf diese bescheuerte Idee gekommen?!"

Schreib alles auf, was dir in den Sinn kommt. Du kannst zwischendurch immer nochmal deine Frage durchlesen.

Bei dieser Technik sind bei mir schon unglaubliche Sachen rausgekommen. Texte voller Weisheit und Wortwitz, die ich im normalen Tagesbewusstsein so nie formuliert hätte, die aber wirklich genial waren.

Diese Technik kannst du natürlich auch super anwenden, wenn du morgens immer schon um vier Uhr aufwachst und nicht mehr schlafen kannst. Vielleicht ist dann dein Körper auch einfach schon fertig mit schlafen. Und wenn du schon wach bist, mach was draus.

Ich persönlich stehe morgens immer schon um fünf Uhr auf, weil ich diese Zeit so liebe. Für mich hat es etwas total Magisches, wenn die Welt noch so still ist und schläft. Ich habe dann meine Morgenroutine, wo ich meditiere, Dinge aufschreibe, für die ich dankbar bin, Schritte notiere, die ich heute machen kann, um meinem Ziel näher zu kommen, meinen Körper bewege und eventuell noch lerne oder einen Podcast höre.

Vielen Menschen sind schlichtweg entsetzt wenn sie das hören, dass ich freiwillig schon so früh aufstehe. Für mich ist es allerdings das Allergrößte, denn das ist wirklich Zeit, wo ich lebe und Dinge tue, die mir wichtig sind. Diese Zeit ist nur für mich. Denn danach gebe ich meine kostbare Lebenszeit meinem Chef, was ich natürlich auch gerne tue, aber sie dann ja trotzdem nicht mehr für mich habe. Meistens sind wir dann so ziemlich den ganzen Tag mit Dingen beschäftigt, die nicht so viel mit uns und unserem eigenen Leben zu tun haben. Gerade wenn wir vor dem Fernseher sitzen und uns das Leben von anderen Menschen anschauen, als ob wir kein eigenes hätten, was wir leben könnten.

Stell dir vor, Gott schenkt dir ein Leben! Was würdest du damit tun?

Würdest du es gerne verschlafen und anderen beim Leben zusehen oder würdest du etwas draus machen?

Ich habe für mich entschieden, dass ich 100 % leben möchte und so intensiv und wach wie möglich.

Da ich, wie ich dir vorhin schon erzählt habe, recht viel Energie brauche für all meine Vorhaben und Projekte, kannst du dir vorstellen, dass ich nicht nur beim Thema Ernährung nach einer Optimierung geschaut habe, sondern auch beim Thema Schlaf.
Vorher war ich eher der Typ, der den Wecker um 6.30 Uhr, wenn er eigentlich schon aufgestanden sein sollte, noch vier Mal ausgestellt und sich totgestellt hat. Ich dachte, ich brauche sehr viel Schlaf. Egal, ob ich schon um 21 Uhr ins Bett gegangen bin oder erst um 24 Uhr - ich war immer müde. Und ich habe weder Einschlaf- noch Durchschlafstörungen. Wenn ich ins Bett gehe und mein Hinterkopf das Kissen berührt, bin ich auch schon eingeschlafen. Ich bin dann sozusagen im Steinmodus, bis der Wecker klingelt. Um mich rum kann die Welt einstürzen und ich schlafe selig weiter.
Da ich aber eben nie so richtig gut wachgeworden bin, habe ich mich eingehend über das Thema informiert und bin auf etwas für mich total Interessantes gestoßen:
Das polyphasische Schlafmuster, was bedeutet, dass wir mehrmals am Tag schlafen statt einmal am Stück. Normalerweise schlafen wir monophasisch, also meistens etwa acht Stunden am Stück. Schon ein kleiner

Mittagsschlaf macht daraus aber zumindest ein biphasisches Schlafmuster. Man hat rausgefunden, dass ein Power-Nap am Mittag, der dann aber nicht länger als 20 Minuten dauern sollte, 1,5 Stunden Schlaf in der Nacht ersetzt. Das ist schon mal super, wenn du 20 Minuten investierst und dafür 1,5 Stunden geschenkt bekommst. An der Börse wärst du damit der absolute Held, wenn du so viel Gewinn hättest. Dieser Gewinn ist aber noch extrem ausbaufähig bis dahin, dass du 6x am Tag für 20 Minuten schläfst. Wenn du nachrechnest, kommst du dabei auf gerade mal zwei (!!) Stunden am Tag, die aber laut unserer Umrechnungseinheit neun Stunden wert sind!

Überleg mal, was du mit so viel gewonnener Zeit tun könntest!

Tatsächlich ist es so, dass ein polyphasisches Schlafmuster der Natur des Menschen entspricht. Wenn du dir Tiere anschaust, so schlafen die meisten, die ich kenne, keine acht Stunden und sind den Rest des Tages wach. Meine Katzen schlummern mehrmals am Tag und unterteilen ihren Tag in viele Wach- und Schlafphasen. Auch Kleinkinder haben ein polyphasisches Schlafmuster, bevor wir es ihnen abtrainieren. Es gibt auch Studien zum Beispiel von Campbell und Zulley von 1988, die bestätigen, dass ein polyphasisches Schlafmuster sehr sinnvoll ist.

Wie wäre es also, wenn du mehr Zeit zur Verfügung hättest und dabei weder müde wärst noch deine Leistungsfähigkeit vermindert wäre?

Mich hat das total fasziniert und ich musste es natürlich gleich ausprobieren. Es war doch einfach zu verlockend, was ich da noch alles lesen und lernen könn-te, wenn ich so viel mehr Zeit hätte. Das ist ja fast, als ob man noch ein zweites Leben geschenkt bekommt. Und schlafen kann ich ja wirklich noch genug, wenn ich tot bin.

Stell dir vor, du schläfst statt acht Stunden nur noch vier. Jeden Tag vier Stunden mehr Zeit, in denen du Spaß haben kannst! Das sind 28 Stunden in der Wo-che und knapp fünf volle Tage im Monat. Das ist so, als ob du jeden Monat fünf zusätzliche Tage Urlaub hast! Unglaublich, oder?

Ich wollte aber natürlich sichergehen, dass es meinem Körper nicht schadet und habe mich eingehender damit beschäftig, ob es eigentlich tatsächlich funktio-nieren kann.

Wenn wir von einem typischen monophasischen Nachtschlaf mit circa acht Stunden Schlaf ausgehen, durchlaufen wir fünf Schlafphasen, die alle etwa eine Länge von 90 Minuten haben. Diese einzelnen Zyklen wiederum bestehen alle aus zwei Phasen:

Non-REM und REM.

REM macht dabei nur etwa durchschnittlich 20 bis 25 % des Gesamtschlafes aus, ist aber entscheidend für die Erholung. Die restlichen 75 bis 80 % sind alle gar nicht so effizient. Das ist eben der Punkt, den sich ein polyphasisches Schlafmuster zunutze macht. Lass Dinge weg, die dir sowieso nichts bringen!

Tauche lieber gleich in den REM-Zustand ein! Dann brauchst du statt acht Stunden Schlaf also tatsächlich nur 25 % davon, also zwei Stunden und sie sind dabei ebenso effizient, also genauso erholsam.

Du bist natürlich nicht daran gewöhnt und es dauert eine Weile, bis du dich und deinen Körper mit der neuen Schlafweise vertraut gemacht hast, aber schon nach etwa zehn Tagen ist es deine neue Routine geworden. Bei mir war es sogar gleich von Anfang an okay, weil ich den Übergang etwas fließender gestaltet habe und auch jetzt ziemlich variabel bin in der Zeit, die ich schlafe.

Grundsätzlich gibt es da verschieden Modelle und du kannst einfach für dich schauen, welches der Modelle für dich passt oder ob du auch ein flexibler Schläfer sein willst:

Monophasisches oder industrialisiertes Schlafmuster:
8 Stunden Schlaf/ 16 Stunden Wach

Biphasisches Schlafmuster:

ältere Menschen, Menschen in südlichen Ländern:
6 Stunden Schlaf, 20 Minuten Mittagsschlaf, was die
Schlafenszeit schon auf 6 Stunden und 20 Minuten
reduziert.

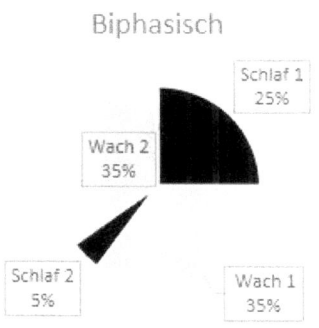

Man hat 2015 eine Studie mit Medizinstudenten
durchgeführt und herausgefunden, dass diejenigen,
die ein biphasisches Schlafmuster haben, in ihrer Zwi-
schenprüfung besser abschnitten als diejenigen mit
monophasischem Schlafmuster.

Everyman Schlafmuster:

3 Stunden Hauptschlafphase und 3 Naps à 20 Minuten über den Tag verteilt.

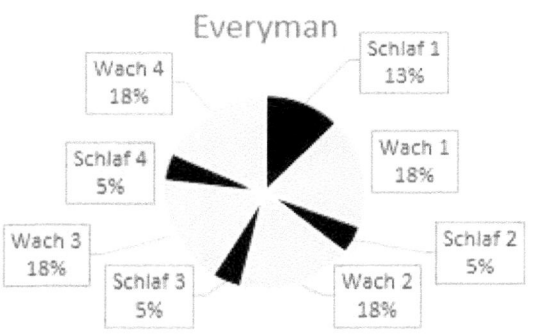

Ubermann-Methode:

6 Naps à 20 Minuten über den Tag verteilt.

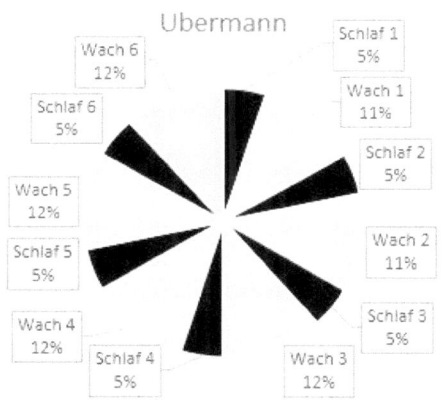

Es gibt berühmte Vorbilder, die nach die nach diesem Muster geschlafen haben:

- Napoleon
- Thomas Edison
- Loeonardo da Vinci

Wenn man sich ihre Werke und ihre Leistungsfähigkeit anschaut, scheint es wohl zu funktionieren.

Wie sieht es jedoch mit der praktischen Umsetzung aus?

Ich kann dir erzählen, wie es bei mir aussieht, wobei ich mit meiner Schlafenszeit gerne jongliere und mich da nicht so festlege. Ich bin ein sehr freiheitsliebender Mensch und bleibe auch da gerne flexibel.

Ein Mustertagesablauf wäre folgender:

Ich arbeite bis 20 Uhr, schlafe 20 Minuten, esse etwas und lerne bis 1 Uhr. Dann schlafe ich bis 4 Uhr, lerne und schlafe dann von 6.10 Uhr bis 6.30 Uhr, arbeite bis 12 Uhr und schlafe dann nochmal 20 Minuten, arbeite bis 20 Uhr etc.

Ich habe also eine Hauptschlafphase von drei Stunden und drei Schlafphasen à 20

Minuten, wobei ich auf die Gesamtschlafzeit von vier Stunden komme.

Ich kann wirklich bestätigen, dass ich mich genauso wach, ja sogar noch viel wacher fühle als mit acht Stunden Schlaf. Und wenn ich merke, dass ich müde bin, dann mache ich halt einen 20-Minuten-Nap. Man braucht ja jeden Tag unterschiedlich viel Energie, weil die Leistung variieren kann.

Gerade in Phasen, in denen man etwas lernen will, ist das absolut super. Man weiß ja, dass das Gelernte sozusagen im Schlaf ins Gehirn eingebaut wird, um dort fest im Langzeitgedächtnis installiert zu werden. Wenn du also immer nach ein paar Stunden lernen 20 Minuten schläfst, bist du auch da wesentlich effizienter, weil du so dem Gehirn mehr Möglichkeiten zum Einbau lässt und du so mehr Wissen „festhalten" kannst.

Du siehst also, es gibt viele Vorteile, weswegen du diese Methode unbedingt testen solltest:

- mehr Zeit und somit potenziell mehr Spaß im Leben
- bessere Lernerfolge
- Leben im Einklang mit deiner persönlichen Natur

Den letzten Punkt habe ich für mich nochmal testen wollen.

Ich bin natürlich, was meinen Körper betrifft, der mir hoch und heilig ist, sehr vorsichtig. Aus dem Grund habe ich mir eine App mit dem Namen "Sleep better" heruntergeladen. Um sie zu nutzen, legst du dein Handy nachts neben dich auf die Matratze und die App berechnet anhand von Bewegungen, wie effizient dein Schlaf ist. Dabei sei erwähnt, dass Handys im Schlafzimmer eigentlich nichts zu suchen haben, aber für diesen Test es nun einmal nötig war.

Das hat mir gezeigt, dass ich wirklich das meiste aus meinem Schlaf raushole. Grob gesagt sieht es so aus: Mein Kopf berührt das Kissen und ich bin eingeschlafen. Ich bewege mich überhaupt nicht. Ich liege die ganze Zeit auf dem Rücken und genauso wache ich wieder auf. Wenn der Wecker klingelt, bin ich komplett wach. Meine Effizienz dabei liegt durchschnittlich bei über 90 %.

So richtig gut fand ich das nicht, weil es ja keine 100 % waren, bis ich dann bei Freunden gesehen habe, die sich durch mich inspiriert die App ebenfalls runtergeladen haben, dass diese oftmals nicht mal bei 60 % liegen. Das hat mich dann beruhigt, weil ich dachte: Wenn ich sowieso beim Schlafen doppelt so effizient bin, reicht ja von daher schon die Hälfte des Schlafes für mich aus.

Die Psyche ist bei dieser ganzen Schlafthematik natürlich nicht zu unterschätzen. Oftmals sind wir ja einfach nur müde, weil wir wissen, dass wir zu wenig geschlafen haben und uns sozusagen darauf programmieren, müde zu sein, weil das „ja jetzt logisch wäre." Für mich war es unglaublich befreiend, mich aus diesen Mustern zu lösen. Ich weiß jetzt, dass ich mit ganz wenig Schlaf auskomme und dann einfach am Tag je nach Bedarf immer mal wieder 20 Minuten schlafen kann, wenn mir danach ist.

Wenn du also eine Schlafstörung hast, ist das überhaupt gar kein Problem (vorausgesetzt, es liegt keine organische Störung vor). Vielleicht ist es ja sogar nur ein Signal deines Körpers, dass er weniger oder in einem anderen Rhythmus schlafen möchte. Probiere auch da aus, was für dich passt und werde auch da wieder Experte für deinen eigenen Körper.

Hundert Wege zu einem erholsamen Schlaf:

1. Probiere das polyphasische Schlafmuster.
2. Bereite dich schon am Nachmittag auf eine erholsame Nachtruhe vor, indem du beginnst, zu entschleunigen.
3. Gehe möglichst oft in die Sonne, dann bildet sich Serotonin, aus dem sich abends das Schlafhormon Melatonin bildet und dich erholsam schlafen lässt.
4. Bewege dich abends nochmal.
5. Konditioniere dich richtig und nutze das Bett nur zum Schlafen, damit du deinem Körper die richtigen Signale sendest.
6. Bringe den Tag innerlich zu Ende, indem du vor dem Zubettgehen Tagebuch schreibst. Notiere die guten Dinge, die passiert sind, die weniger guten und das, was du morgen erledigen willst. So hast du das alles aus dem Kopf und dein Unterbewusstsein kann abschalten.
7. Nicht zu spät essen, damit es dir nicht so schwer im Magen liegt.
8. Vermeide Elektrosmog und halte das Schlafzimmer frei von elektronischen Geräten.

11. Wie mache ich eine Lebensinventur?

Ich möchte, bevor wir uns auf die nächste Stufe unserer Pyramide begeben, noch eines meiner Lieblingstools mit dir teilen.
Ich nenne es Lebensinventur.
Es ist sozusagen eine kleine betriebswirtschaftliche Analyse, die sehr einfach und effizient ist.
Du fragst dich entweder etwas global über dein Leben oder zu einem speziellen Themengebiet wie deinem Job, Beziehung etc.:

Wie ist es, wie hätte ich es gerne und wie komme ich dort hin?

So gelingt es dir ganz einfach, Lösungsstrategien für Themen aus allen möglichen Bereichen zu entwickeln. Und wenn du mal reagierst, wie du eigentlich nicht reagieren wolltest, dann frage dich, wie du stattdessen reagieren möchtest oder wie die beste Version deiner selbst an dieser Stelle reagieren würde.
Am besten wird das wohl an einem Beispiel deutlich: Du warst mit einem Freund verabredet, der kurzfristig das Treffen absagt. Oftmals reagieren wir verletzt, fühlen uns abgelehnt und nicht geliebt. Aber haben wir dazu einen Grund? Meist ist es einfach so, dass noch etwas dazwischengekommen ist, der andere müde ist etc. Es hat also gar nichts mit uns zu tun, sondern einzig und allein mit dem anderen. Wir können uns dann fragen, wie wir eigentlich gerne reagieren möchten. Meist würden wir zum Beispiel eigentlich viel lieber Verständnis haben oder es dem ande-

ren gönnen, dass er das macht, wonach ihm gerade ist, weil wir das ja auch gerne machen wollen. Wenn du es für dich rausgefunden hast, dann entscheide dich bewusst dafür, es genau so zu tun. Du wirst dich viel wohler dabei fühlen, wenn du diese Strukturen durchbrichst und anstatt dich steuern zu lassen, selbst steuerst, wie du reagierst und so deine Emotionen viel besser lenken kannst und ihnen nicht mehr so ausgeliefert bist.

12. Wie meistere ich den Übergang von den Grundbedürfnissen zu den Sicherheitsbedürfnissen?

Wenn unsere Grundbedürfnisse alle gedeckt sind und wir Luft zum Atmen, genug zu essen und zu trinken haben, unseren Körper ausreichend bewegen und energiegeladen sind, weil wir einen gesunden Schlaf haben, dann können wir uns um die nächste Stufe kümmern:

unsere Sicherheit.

Wir werden auch hier wieder unsere Prinzipien anwenden und jede Menge Fragen stellen.

Wann fühle ich mich sicher?

Existiert Sicherheit überhaupt oder ist sie am Ende nur eine Illusion?

Wie kann ich mein Bedürfnis nach Sicherheit befriedigen und wie sicher ist unsere Welt?

Oder ist es am Ende egal, wie sicher die Welt im Allgemeinen ist, wenn ich mich sicher in mir und meiner Welt fühle?

13. Wie unterstütze ich mein Immunsystem?

Unser Immunsystem ist sehr komplex und wird durch das Zusammenspiel von vielen Systemen unseres Körpers gebildet. Es dient größtenteils der Abwehr von Viren, Bakterien und Parasiten, spielt aber auch eine Rolle bei der Eliminierung von Umweltgiften sowie körpereigenen Hormonen und dem Abbau von Stoffwechselprodukten und im Körper gebildeten Krebszellen etc.

Damit es einwandfrei funktionieren kann, müssen diese Körpersysteme Hand in Hand arbeiten. Es werden Abwehrzellen gebildet, Hormone ausgeschüttet, Schleimstoffe aktiviert etc.

Fast alle Erkrankungen sind auf unser Immunsystem zurückzuführen, was deutlich macht, was für eine wichtige Rolle unser Immunsystem für uns spielt.

Es muss dafür optimal mit Nährstoffen, z. B. Vitaminen und Spurenelementen, versorgt werden.

Umweltgifte, chronische Belastungen mit Krankheitserregern und psychische Probleme können es dauerhaft stören.

Gerade um die psychischen Belastungen werden wir uns noch eingehend kümmern. Laut einer Studie der Stanford University sind etwa 90 % aller Erkrankungen auf Stress zurückzuführen.

Schon vor 2000 Jahren wusste man auch in der Traditionellen Chinesischen Medizin, dass zu viel Nachdenken (ohne es zu spüren) die Milz als Repräsentant des Immunsystems stört.

Es gibt natürlich noch eine Vielzahl weiterer Faktoren, die für das gute Funktionieren des Immunsystems unabdingbar sind:
So brauchen wir eine optimale Durchblutung und Innervation der Blutgefäße und Gewebe. Dabei sehen wir auch, wie wichtig die Dinge sind, die wir bereits im Kapitel „Bewegung" besprochen haben. Es ist wichtig, dass alles schön entspannt und durchlässig ist, denn Infektionen treten am wahrscheinlichsten in vorbelasteten Geweben auf, die nicht gut durchblutet werden, wo Verletzungen stattgefunden haben, wo sich Schlackenstoffe abgelagert haben oder statische Problematiken vorliegen.

Da 70 bis 80 % der immunkompetenten Zellen in den Schleimhautarealen des Darms gebildet werden, wird auch wieder deutlich, wie wichtig es ist, dass der Darm gut funktioniert und wir uns optimal ernähren, damit diese Zellen nicht in ihrer Arbeit gestört werden.

Wir können ihn durch eine gute, intuitiv auf uns abgestimmte Ernährung unterstützen, aber auch dadurch, dass die Darmperistaltik (Darmbewegung) gefördert wird, damit diese Darmbewegung den Inhalt möglichst schnell nach draußen befördern kann, denn wenn der Inhalt zu lange dortbleibt, verändert sich durch Gärungs- und Fäulnisprozesse die Zusammensetzung unserer Darmflora und hat somit wiederum negativen Einfluss auf unser Immunsystem.

Die Darmperistaltik kann zum Beispiel wiederum durch eine Komponente optimal gefördert werden, die wir schon kennen: die Atmung.

Wenn wir ganz natürlich atmen, so dass das Zwerch-fell sich bis in den Bauchraum vorwölbt, werden alle unsere Bauchorgane angeregt und durch den sanften Druck massiert, so dass unter anderem auch der Darm den Impuls bekommt, zu arbeiten. Du siehst also auch hier wieder, wie wichtig eine tiefe Atmung ist und wie du damit dein Immunsystem verbessern kannst.

Unser Immunsystem arbeitet am besten, wenn wir uns viel bewegen, vor allem an der frischen Luft. Schlechte Luft, vor allem durch Rauchen und Abgase verursacht, setzt sie Aktivität unseres Immunsystems herab wie auch eine Belastung mit Schwermetallen, durch Insektizide oder Lösungsmittel.

Wenn das Immunsystem nicht richtig funktioniert, hat es natürlich offensichtlich einen Einfluss auf unse-re Infektanfälligkeit. Was uns aber oft nicht bewusst ist: Durch Viren und Bakterien, die dann in größerer Zahl vorhanden sind, weil sie vom Immunsystem nicht abgetötet werden, kann es auch zu chronischen Organbelastungen kommen, da sich Entzündungen bilden, die wir nicht immer bemerken. Das wiederum führt dazu, dass das Organ nicht mehr optimal arbei-ten kann und auch dazu, dass sich die Spannung der Faszien verändert.

Als Faszien bezeichnet man eine derbe Hüllschicht aus Bindegewebe, die einzelne Muskeln, Muskel-gruppen oder auch komplette Köperabschnitte umgibt. Wenn du schon einmal ein Stück Fleisch ge-schnitten hast, hast du sicherlich eine weiße Haut gesehen, die das Fleisch umschlossen hat. Das ist eine solche Faszie. Sie gibt einem Muskel oder Organ ihre

Form und verleiht ihm Festigkeit und Widerstandsfähigkeit.

Wir finden Faszien am ganzen Körper. Neben der Aufgabe, dem Körper Stabilität bei gleichzeitiger Flexibilität zu verleihen, versorgen die Faszien den Körper zusätzlich mit Nährstoffen und befreien ihn von Schadstoffen. Das System funktioniert allerdings wiederum nicht, wenn die Faszien sich verkleben, sie verhärten oder verletzt sind. Dann spüren wir zum einen Schmerzen, aber es kann auch unsere komplette Statik im Körper durch die veränderte Zugkraft stören und wir können Fehlstellungen von Knochen und Gelenken davontragen.

Ist das nicht interessant, wie alles im Körper zusammenhängt?

Ich hoffe, es macht dir in irgendeiner Form deutlich, wie wichtig die einzelnen Komponenten sind und welche Auswirkungen unser Verhalten haben kann. Wenn wir uns schlecht ernähren und nicht richtig kauen, setzen sich die Bakterien im Darm anders zusammen, stören unser Immunsystem und haben sogar laut Studien einen Einfluss auf unsere Emotionen. So hat man in einem Versuch zwei Gruppen von Mäusen genommen, von denen eine Gruppe sehr mutig war und die andere eher ängstlich. Hat man Stuhl von der einen Gruppe in die Därme der anderen Gruppe übertragen, so hat diese Gruppe das Verhalten der anderen Gruppe gezeigt. Erstaunlich, oder? Zudem ist es bei einem chronischen Zustand, und die meisten Menschen ernähren sich wohl dauerhaft wenig sinnvoll, möglich, dass es aufgrund eines geschwächten Immunsystems zu einer Dysbalance im Darm und somit zu einem erhöhten Aufkommen von schädigenden Bakterien kommt. Diese bilden als Stoffwechselendprodukt Endotoxine, also Giftstoffe, die unseren Körper und auch unsere Emotionen negativ beeinflussen. Dadurch verspannen sich auch die Faszien und wir können Fehlstellungen bekommen. Ist das nicht irre?

Wenn wir also chronisch müde sind und mies gelaunt, wäre es interessant, einmal einen Blick auf die Ernährung zu werfen.

Kommen wir noch einmal zurück auf die Faszien, die eine sehr interessante Struktur des menschlichen Körpers sind.

Neben der Formgebungsfunktion stellen sie auch einen Wasserspeicher dar und bilden eine Barriere für das Eindringen von Fremdkörpern. Dadurch, dass sie sogenannte Fresszellen enthalten, die als Funktion des Immunsystems Mikroorganismen zerstören können, sind sie für unser Wohlbefinden sehr wichtig.

Wir haben vorhin gesehen, dass Faszien die einzelnen Muskeln und Muskelfasern umhüllen und so für die Verschieblichkeit gegeneinander sorgen. Wenn wir uns nicht ausreichend bewegen oder die Muskeln zu stark überlasten, dann verkleben die Faszien und so werden Flexibilität und Zugkraft deutlich eingeschränkt. Außerdem werden Nerven gequetscht und es entstehen Schmerzen, wodurch wir oftmals wiederum unser Bewegungsmuster ungünstig verändern, um nicht in den Schmerz hineingehen zu müssen.

Es hört aber nicht bei den Muskeln auf, denn auch die inneren Organe sind von Faszien umgeben. Hier ist es besonders dramatisch, wenn es zu Verhärtungen kommt, da dann die Versorgung mit Nährstoffen nicht mehr reibungslos funktioniert und andererseits auch Schadstoffe nicht mehr abgegeben werden können, was folglich zu einer Vergiftung der Organe führt.

Auch die Blutzufuhr wird gedrosselt und der Sauerstoffgehalt in den Organen sinkt, was die Organe frühzeitig altern lässt.

Beim Gehirn kann das auch passieren, wenn sich das Fasziengewebe durch Flüssigkeitsmangel zusammenzieht. Du kannst dir vorstellen, dass es dann Folgen hat, die sich niemand wünscht. Also trinke unbedingt circa drei Liter am Tag, um dich, deinen Körper und dein Gehirn jung und aktiv zu halten.

Hundert Wege, positiv auf deine Faszien und dein Immunsystem einzuwirken:

1. viel Trinken: circa drei Liter am Tag
2. Entsäuerung des Körpers durch basische Ernährung und basische Bäder.
   Wenn dich das Thema interessiert, dann findest du darüber im Internet sehr viele Beiträge mit diversen Nahrungsmitteltabellen. Hier nur die Grundprinzipien:
3. viel Obst und Gemüse
4. alles so frisch wie möglich
5. alles gut kauen, denn das macht die Nahrungsmittel basisch.
6. Fertigprodukte weglassen
7. Zucker meiden
8. tierische Produkte wie Fleisch, Wurst, Eier, Milch- und Milchprodukte weglassen.
9. Faszien-Training mit Dehnungen und achtsamer Bewegung
10. Trampolin-Schwingen
11. Eigenbehandlung mit der Faszienrolle
12. Einnahme von Silizium und OPC (ein Extrakt, meist aus Traubenkernen)
13. Stress reduzieren

14. Arbeite ich oder habe ich Freude?

In diesem Kapitel geht es immer noch um die Stufe der Sicherheitsbedürfnisse in der Bedürfnispyramide. Für die meisten ist Arbeit dahingehend instrumentalisiert worden: um dein Bedürfnis nach Sicherheit zu befriedigen. Aber bewirkt gerade das nicht oft das Gegenteil?

Natürlich ernährt dich deine Arbeit und versorgt dich mit dem Geld, das du brauchst, aber auf der anderen Seite erzeugt sie für viele Menschen wiederum einen enormen Widerstand, weil sie ihre Arbeit einfach nicht mögen und den ganzen Tag nur auf den Feierabend warten, am Montag schon aufs Wochenende, nach dem letzten Urlaub schon wieder auf den nächsten Urlaub und eigentlich die ganze Zeit auf die Rente.

Ist es nicht etwas zu schade, deine kostbare Lebenszeit mit Warten zu verbringen?

Und für viele erzeugt die Arbeit so viel Stress, dass sie sich dadurch zwar äußerlich ein Sicherheitssystem aufbauen und Geld zum Leben verdienen, aber ihr inneres Sicherheitssystem komplett ruinieren, denn Stress führt dazu, dass unser Immunsystem nicht mehr richtig arbeiten kann. Da werden wir gleich noch in dem Kapitel über Stress einen genauen Blick drauf werfen, weil es in unserer heutigen Zeit ein essenzielles Thema ist.

Zunächst beschäftigen wir uns nun mit der Arbeit und was sie ist und was sie sein sollte.

Arbeit ist sichtbar gemachte Liebe

Und was heißt, mit Liebe arbeiten?
Es heißt, das Tuch mit Fäden weben, die aus euren
Herzen gezogen sind,
als solle euer Geliebter dieses Tuch tragen.
Es heißt, ein Haus mit Zuneigung bauen, als solle
eure Geliebte in dem Haus wohnen.
Es heißt, den Samen mit Zärtlichkeit säen und die
Ernte mit Freude einbringen,
als solle euer Geliebter die Frucht essen.
Es heißt, allen Dingen, die ihr macht, einen Hauch
des Geistes einflößen.
Und zu wissen, dass die selig Verstorbenen um euch
stehen und zusehen.
Arbeit ist sichtbar gemachte Liebe.
Und wenn ihr nicht mit Liebe, sondern nur mit Widerwillen arbeiten könnt,
lasst besser eure Arbeit und setzt euch ans Tor des
Tempels und nehmt Almosen von denen,
die mit Freude arbeiten.
Denn wenn ihr mit Gleichgültigkeit Brot backt,
backt ihr ein bitteres Brot,
das nicht einmal den halben Hunger des Menschen
stillt.
Und wenn ihr die Trauben mit Widerwillen keltert,

träufelt eure Abneigung ein Gift in den Wein.
Und auch, wenn ihr wie Engel singt und das Singen
nicht liebt, macht ihr die Ohren der Menschen taub
für die Stimmen des Tages und die Stimmen der
Nacht

Der Prophet bei Khalil Gibran.

Ich denke, dieses Gedicht drückt perfekt aus, was Arbeit sein sollte.

Wir alle haben das Bedürfnis ein Beitrag zu sein und etwas zu verändern. Wir wollen gerne alles geben und uns wirklich einbringen, aber oftmals haben wir das unterwegs irgendwann vergessen oder verlernt. Allein der Begriff Arbeit ist bei uns so negativ belastet. Arbeit hört sich schon von vornherein nicht nach Spaß an. Außerdem fragen wir meistens: „**Musst** du heute arbeiten?" anstatt: „**Darfst** du heute arbeiten?" Wir sehen die Arbeit eher als notwendiges Übel als wirklich als Spaß. Und auch der Radiosprecher, der am Montagmorgen sagt: „Heute ist schon wieder Montag und eine ganze Arbeitswoche liegt vor ihnen - halten sie durch!", bestärkt uns weiter in dieser Annahme. Es ist wieder eine von diesen Massenhypnosen, dass Arbeit gar keinen Spaß machen darf, sondern man es eben machen muss, seine acht Stunden täglich abreißt und dann endlich wieder heimgehen darf. Dann sind wir meistens so fertig, weil es anstrengend ist, acht Stunden lang etwas zu tun, worauf wir eigentlich keine Lust haben. Und anschließend haben wir keine Lust mehr, etwas für uns zu tun in unserer Freizeit.

Und wann lebst du?

Lebst du dein Leben nur am Wochenende?

Aber stimmt dann die Relation? Fünf Tage Arbeit und nur zwei Tage Leben?

Dass das nicht glücklich macht, ist klar. Und wie viele von uns bekommen dann die berühmte Wochenendmigräne oder schlafen das halbe Wochenende lang, weil sie so fertig sind?!

In dem Fall wird das Wochenende einfach nur genutzt, damit wir unseren Akku aufladen können, um am Montag wieder halbwegs zu funktionieren. Vielen von uns scheint das normal zu sein. Aber ich denke, es ist genauso „normal", wie die Tatsache, dass es uns nach dem Essen die Energie abzieht und wir schlafen müssen anstatt uns energiegeladen und fit zu fühlen. Würdest du bei deinem Auto auch erwarten, dass du nach dem Volltanken erstmal zwei Stunden warten musst, bis du weiterfahren kannst? Ich persönlich wäre da ziemlich genervt, wenn es so wäre, aber bei uns selbst wundert es uns kein bisschen, vielmehr gehört es einfach so dazu.

Und da ist es auch „normal", dass wir quasi die Hälfte unserer Lebenszeit, die wir wach sind, mit Dingen verbringen, die uns keinen Spaß machen, um Geld zu verdienen, mit dem wir gefrustet Dinge kaufen, die wir nicht brauchen, um die innere Leere zu betäuben, die wir spüren.

Wie viele verschieben ihr Leben auf die Rente, nur um dann feststellen zu müssen, dass sie sich mit ihrer Hüftarthrose vor Schmerzen kaum noch bewegen können?

Oder sie haben auf einmal Krebs und das Leben ist schneller vorbei, als sie es erwartet haben.

Ja, das kann passieren – deswegen ist es so auch wichtig, dass du jeden Tag wie ein kleines Leben betrachtest und ihn intensiv und aus vollem Herzen lebst.

Eigentlich sollte dir deine Arbeit so viel Freude machen, dass du gar nicht mehr wieder damit aufhören magst.

Was ist es, was in deinem Leben so viel Freude in dir erzeugt?

Ist es vielleicht deine Arbeit?

Wenn es nicht so ist, war es vielleicht mal so?

Oder hast du von Anfang an einen Job gewählt, der dich einfach nur ernährt?

Hast du einen Job gewählt, der dir sicher erschien und du dachtest, da findet man immer eine Stelle?

Oder war es das Geld, was dich gelockt hat?

Aber wie viel Geld ist deine kostbare Lebenszeit wert, wenn du dich dabei selbst verrätst?

Und was ist es, was du wirklich machen willst?

Was bringt dein Herz zum Singen?

Welche „Arbeit" würdest du auch tun, selbst wenn du dafür kein Geld bekommen würdest?

Es ist eine magische Frage, was man machen würde, wenn Geld keine Rolle spielt und man nicht mehr arbeiten müsste des Geldes wegen. Was täte man dann?

Was wäre das bei dir?

Und wie kommst du dahin, es vielleicht sogar beruflich zu tun?

Wie kommst du wieder zu dem Punkt zurück, wo deine Arbeit noch sichtbar gemachte Liebe war?

Überlege dir also, was du tun möchtest, damit du wieder Lust hast, 100 % zu geben.

Falls du dazu keine Idee hast, überlege dir, was du als Kind gerne getan hast.

Was hast du so geliebt, dass du Stunden damit verbringen konntest?

Was kannst du gut?

Wo ist deine Leidenschaft?

Hast du keine Ahnung, wo deine Talente sind und was du wirklich gut kannst? Dann frage ein paar Menschen, die dir etwas bedeuten, wie sie dich sehen. Oftmals erfahren wir so erstaunliche Dinge über uns, auf die wir selbst gar nicht gekommen wären.

Ansonsten gibt es in dem Buch

Entdecken sie ihre Stärken jetzt

von Marcus Buckingham und Donald O. Clifton

einen Link zu einem Online-Test, der dir deine fünf größten Stärken verrät. Das kann manchmal sehr überraschend sein. Manchmal sehen wir selbst sozusagen unser eigenes Licht nicht, weswegen es wirklich sehr gut sein kann, so einen Test zu machen.

Was auch immer du tust, bitte hör auf, deine kostbare Lebenszeit zu vergeuden. Mach wirklich etwas aus deinem Leben. Sei authentisch. Entdecke deine Talente. Jeder ist mit einer außergewöhnlichen Gabe auf die Welt gekommen. Etwas, was nur du der Welt geben kannst. Wenn du diese Gabe für dich behältst und sie nicht lebst und teilst, wird dein Körper wahrscheinlich irgendwann rebellieren und die Notbremse ziehen. Das kann sich durch einen Burnout oder eine körperliche Krankheit zeigen. Denn wenn du tagtäglich Dinge tust, die dir nicht entsprechen und dafür deine Kreativität und deine Mission leugnest, erzeugt das eine starke Diskrepanz in dir und deinem Körper. Das spiegelt sich in Spannungen und Spannungen sind Stress für den Körper. Wir haben gesehen, dass sich das auf unser Immunsystem auswirkt. Wahrscheinlich entstehen über 90 % aller Krankheiten durch Stress. Und ich denke nicht, dass du dafür auf die Welt gekommen bist, oder?

Ich denke, wir sind auf der Welt, um Spaß und Freude zu haben. Um alle unsere Facetten zu entdecken, uns selbst auszudrücken, kreativ zu sein und unserer Lebensfreude Ausdruck zu verleihen.

Wann fühlst du dich richtig lebendig und voller Lebensfreude?

Bitte schreibe alle Situationen auf, in denen du dich erfüllt fühlst und vor Freude überschäumen könntest.

Und wenn du es nicht weißt, was würdest du aufschreiben, wenn du es wüsstest?

Du kannst auch eine kleine Zeitreise machen und die 80-jährige Version deiner selbst fragen, was sie in ihrem Leben wirklich erfüllt hat und lebendig fühlen ließ. Wenn es einer weiß, dann sie.

Und wie kannst du damit ein Beitrag sein und vielleicht sogar Geld verdienen?

15. Wie viel Macht hat Stress über mich und mein Leben?

Wie wir gerade gesehen haben, erzeugt Stress Spannungen in unserem Körper, schwächt unser Immunsystem und erzeugt über 90 % unserer Erkrankungen. Da es also nicht unbedingt etwas darstellt, was unsere Lebensqualität verbessert, würde ich vorschlagen, diesen Stress lieber zu reduzieren.

Bevor wir allerdings zu den Strategien kommen, möchte ich mit dir vorher noch klären, was Stress genau ist.

Wie du im Laufe dieses Buches schon gemerkt hast, bin ich kein so großer Fan von wissenschaftlichen Definitionen und würde Stress in meinen Worten einfach als **Missverhältnis von Belastung und Belastbarkeit** definieren.

Im englischen Sprachgebrauch ist Stress ein Wort aus der Physik und steht für *Druck auf einen physikalischen Körper*.

Stress ist die Reaktion auf eine tatsächliche oder eingebildete Bedrohung, auf die wir mit Anspannung und Widerstand gegenüber dem auslösenden Reiz reagieren.

Unser System hinkt in der Evolution noch etwas hinterher und hat noch keine ganz adäquate Antwort auf den neuzeitlichen Stress entwickelt. Es reagiert immer noch mit Kampf oder Flucht, wie damals, als wir uns noch mit diversen Säbelzahntigern rumprügeln mussten. In unserem Körper wird dadurch zunächst vermehrt Adrenalin ausgeschüttet. Der Blutdruck, Hautleitfähigkeit und Muskelaktivität steigen, wodurch es wieder zu Verspannungen im Körper kommt.

Hier spannt sich wieder der Bogen zu unseren Faszien, die wir schon kennen gelernt haben, als wir über das Immunsystem gesprochen haben.

Wenn der Stress chronisch ist, bleiben die Faszien dauerhaft unter Spannung und verlieren ihre Flexibilität und verhärten. Sie verkleben und verfilzen und beeinträchtigen unsere Beweglichkeit und reagieren mit Schmerzen, die den Stress noch zusätzlich verstärken.

Durch das Adrenalin wird zusätzlich die Darmtätigkeit gehemmt und der Darm kann nicht optimal arbeiten. Zudem ist es so, dass wir uns in Stresssituationen nicht mit der für uns besten Nahrung versorgen, die unseren Energiehaushalt wieder auffüllt, sondern oft leere Kalorien zu uns nehmen in Form von Schokolade, weißem Brot und Gebäckteilchen, Fast Food etc. Wenn der Darm nicht so gut arbeitet, ist es logisch, dass diese Dinge doppelt so „gefährlich" für uns sind und sich schneller als Hüftgold ablegen, als uns lieb ist. Sport ist in Stresssituationen auch oft selten, obwohl er magisch wirkt, um Stress zu reduzieren. Es ist also alles ein bisschen wie ein Teufelskreis. Durch dein erhöhtes Gewicht hast du auch weniger Motivation dich zu bewegen und du brauchst noch mehr Energie, da du ja mehr Kilos durch die Gegend tragen musst.

Aber nochmal zurück zu den Reaktionen im Körper, die primär durch den Stress, also die subjektiv wahrgenommene Gefahr ausgelöst wird.

Nach diesem ersten Schritt der Adrenalinausschüttung folgt Cortisol, welches dafür da ist, uns vor den Folgen von Adrenalin zu schützen. Es unterstützt uns kurzfristig darin, Höchstleistung zu bringen und macht uns wach. Um unseren Stress messbar zu machen, können wir Cortisol im Speichel testen.

Während uns kurzfristiger Stress stärkt und leistungsfähiger macht, uns über uns selbst hinauswachsen lässt und unsere Gedächtnisleistung fördert, bewirkt langandauernder Stress das Gegenteil. Extreme und langandauernde Belastung wirkt schädlich auf den ganzen Organismus und raubt uns unsere Energie. Der ständige Dauerstrom und die Hochleistung belasten extrem unseren Akku und führen zu einem Energiemangel.

Man hat festgestellt, dass viele Erkrankung auf einen Energiemangel zurückzuführen sind und wir können uns leicht vorstellen, dass unsere Organe, die nur noch auf Sparflamme laufen, weil wir ständig „unter Strom" sind, irgendwann einfach nicht mehr richtig arbeiten können.

Wir wissen alle: Wenn wir an unserem Handy die Bildschirmbeleuchtung auf ganz hell einstellen und dann noch ganz viele Apps runtergeladen haben und es viel benutzen, dann ist der Akku relativ schnell leer und wir müssen ihn aufladen. Bei uns selbst ist uns das nicht so klar, dass wir darauf achten müssen, unseren Akku aufzuladen. Unser Körper kann viel zu lange kompensieren und macht eine ganze Zeit einfach weiter. Er sendet uns viele kleine Signale, die aber meist übergangen werden, bis er dann irgendwann die Notbremse zieht und sich durch ein Burnout oder eine andere Erkrankung endlich Gehör verschaffen kann und uns zur Ruhe zwingt.

Geschickter ist es natürlich allemal, dem Stress auf den Grund zu gehen und die von uns wahrgenommene Bedrohung, die den Auslöser bildet, zu identifizieren und zu eliminieren.
Es gibt viele Dinge, die bei uns Stress auslösen können. Es kann finanziell sein, physisch, in der Beziehung, bei der Arbeit, etc.
Je auswegloser uns die Situation erscheint, desto größer ist unsere Reaktion darauf. Oft sind es eingebildete Herausforderungen oder die Ansicht, wir hätten keine Wahl oder Chance und wir fühlen uns in die Ecke gedrängt. Ein weiterer Stressauslöser ist, wenn wir uns ein Ziel gesetzt haben und es nicht erreichen. Deswegen ist es wichtig, Strategien zu entwickeln, wie du dein Ziel erreichen kannst und die täglichen Herausforderungen effektiv meisterst.

Das Geheimnis des Stresses ist, dass er niemals durch äußere Umstände ausgelöst wird, sondern immer nur durch deine Bewertung und Interpretation dieser Umstände entsteht.

Im Umkehrschluss geht es also darum, die Situationen, die Stress bei dir auslösen, zu erkennen und dann entweder abzuschaffen, sie zu ändern oder, wenn das nicht möglich ist, deinen Blickwinkel und deine Sichtweise auf die Situation zu verändern.

Dazu müssen wir uns bewusst machen, dass es immer eine Lösung gibt, weil du jede Situation immer aus vielen verschiedenen Blickwinkeln betrachten kannst. Deswegen gibt es keine alternativlose Situation. Manchmal scheint es schwer zu sein, diese andere Sichtweise anzunehmen und die Lösung zu erkennen. Oft scheint es für uns auch einfacher zu sein, die Situation zu ertragen, als etwas zu verändern, aber dann heißt es wieder, dass es eine Lösung gibt, aber du nicht bereit bist, etwas zu verändern, weil du Angst davor hast, was dann passiert. Angst ist natürlich auch ein Stressauslöser. Oft benutzen wir das Wort Stress auch als Synonym für Angst, weil Angst als ein Zeichen von Schwäche gedeutet wird, während Stress eher als etwas gesehen wird, was uns „wichtig" aussehen lässt. Und am Ende hat ja in unserer Gesellschaft jeder irgendwie Stress. Das scheint auch wieder normal zu sein.

Aber mal ehrlich: Was ist normal daran, dass du ständig das Gefühl hast kämpfen oder flüchten zu müssen?

Wie bist du in dieses Hamsterrad hineingeraten, aus dem es scheinbar keinen Ausweg gibt?

Wann hast du das letzte Mal darüber nachgedacht, was du eigentlich möchtest und nicht einfach nur auf die Forderungen deiner Umwelt reagiert?

Bitte stelle dir einmal die folgenden Fragen und sei dabei schonungslos ehrlich:

1. Was hält dich davon ab, glücklich zu sein?
2. Was müsste in deinem Leben passieren, damit du dich wieder so richtig wohl in deiner Haut und deiner Umgebung fühlst?
3. Was möchtest du in deinem Leben unbedingt ändern, weil du es nicht mehr so hinnehmen kannst und willst?
4. Was sind deine Ziele und Visionen?
5. Was hält dich davon ab, diese Ziele und Visionen zu erreichen?
6. Was hält dich davon ab, du selbst zu sein?
7. Was raubt dir deine Energie?
8. In welchen Situationen fühlst du dich so richtig lebendig?

Ursachen für psychischen und physischen Stress sind:
- Mangel an Selbstliebe
- Hoffnungslosigkeit
- Sich selbst und anderen nicht vergeben zu können
- Ein Leben in ständiger Sorge
- Mangel an Selbstwertgefühl und Selbstvertrauen
- Mangel an Erfolg
- Kein authentisches Leben zu führen
- Schlechte Beziehungen
- Schlechte Ernährung
- Mangelnde Bewegung
- Schlechtes soziales Umfeld
- Ein Beruf, der nicht zu einem passt, einen nicht erfüllt und keine Freude macht
- Mangelndes eigenes Wachstum (persönliche Weiterentwicklung)
- Zu wenig Freizeit
- Zu wenig Abenteuer
- Monotonie und mangelnde Lebensfreude
- Ständige Kompromisse

Wie du siehst, befinden wir uns eigentlich genau in der Mitte der Bedürfnispyramide, wo sich der Körper und die seelischen Aspekte treffen, die wir weiter oben in der Bedürfnispyramide noch eingehender behandeln, was uns wieder deutlich macht, wie untrennbar alles in unserem Körper miteinander verbunden ist.

Zunächst einmal möchte ich noch ein bisschen bei der „klassischen" Stressbewältigung bleiben, bevor wir später in tiefere Themen wie Selbstliebe, Zielsetzung und Erfolg einsteigen. Aber wir sehen schon, dass wir für die Gesundheit alle Aspekte mit einbeziehen müssen, da sie immer ganzheitlich und allumfassend zu sehen ist.

Belastungen, die wir überprüfen sollten:

Alltagsstress	Belastende Gefühle	Lebensstress
Überforderung	Angst	Hochzeit
Überraschungen	Wut	Trennung
	Ärger	Tod
Streit	Unsicherheit	Krankheit
	Trauer	Arbeitslosigkeit
Erwartung	Verzweiflung	keit
schwieriger	Einsamkeit	Einsamkeit
Situationen	Resignation	
	Hoffnungslosigkeit	
Niederlagen	keit	
Verluste	Sinnlosigkeit	
Eile	Wertlosigkeit	
Hitze/Kälte		

Wir Menschen reagieren immer unterschiedlich auf den Stress. Das ist einmal im Bezug zu uns selbst gemeint, denn wir reagieren nicht an allen Tag gleich auf den gleichen Reiz. Manchmal nervt es uns total, wenn im Büro ständig das Telefon klingelt und manchmal stört es uns überhaupt nicht. Woran liegt das?

Das kann ganz unterschiedliche Gründe haben. Wir reagieren anders, wenn wir ausgeschlafen sind, als wenn wir müde sind, wenn wir Hunger haben, als wenn wir satt sind, wenn wir verliebt sind, als wenn wir uns traurig und einsam fühlen.

Und jeder Mensch reagiert auf den Stress anders als ein anderer.

So sind für einen Surfer hohe Wellen das Allergrößte in seinem Leben, während ein Mensch, der Angst vor tiefem Wasser hat, es als zutiefst furchteinflößend empfindet, wenn er hohen Wellen ausgesetzt ist und möglicherweise Todesangst bekommt. Es ist also wirklich alles eine Frage der Sichtweise. Hohe Wellen an sich stellen keinen Stressauslöser dar. Nur wenn du darin ertrinkst oder eben Angst davor hast, dass es so kommen könnte.

Stress bedeutet je nach unserer persönlichen Bewertung also immer etwas anderes, je nachdem, wie wir die Situation einschätzen und inwiefern wir uns selbst in der Lage fühlen, mit der Situation umzugehen.

Je größer die Diskrepanz zwischen der Anforderung und den persönlichen Ressourcen ist, desto höher ist der Stresslevel. Das kann sowohl in die eine wie auch die andere Richtung gehen, denn nicht nur Anstrengung kann zu Überforderung und Stress führen, sondern auch Unterforderung und Mangel an Reizen.

Aber es liegt an dir, die Situation und deine Sichtweise darauf zu ändern.

Grundsätzlich gibt es zwei Formen der Herange-
hensweisen an eine Situation:

Positive Grundhaltung:
Motivation und Freude
Wir erleben das Problem als Herausforderung, haben
Erfolgserlebnisse und gehen mit einem gestärkten
Selbstbewusstsein aus der Situation hervor.

Negative Grundhaltung
Missmut und Frustration
Wir ordnen das Problem als Hindernis ein, erleben
Misserfolge und gehen mit einem geschwächten
Selbstbewusstsein und angeknacksten Selbstwert aus
der Situation heraus.

Es kommt also viel auf die innere Einstellung an, ob
du ein Problem als Herausforderung oder als Hindernis empfindest. Hast du Spaß es zu lösen und siehst es
als Chance zu wachsen oder hast du Angst, weil du
befürchtest, du könntest versagen?

Du bist vielleicht sehr perfektionistisch und hast ständig Angst zu versagen und nicht gut genug zu sein.
Aber vielleicht kannst du deine Einstellung zu Fehlern einmal hinterfragen und sie in einen neuen Kon-
text setzen. Fange vielleicht an, den Fehlern einen
neuen Namen zu geben. Du könntest sie statt Fehler
auch „Wachstumsmomente" nennen, denn wir lernen
durch Fehler am allerschnellsten. Du könntest dich
also ebenso freuen, möglichst viele Fehler zu machen,
weil du dann ein rasantes Wachstum hinlegen kannst

und in Rekordzeit all das erreichen kannst, wofür andere viel länger brauchen. Du kannst dir also einen echten Vorteil verschaffen, wenn du gerne Fehler machst und du kannst dankbar für sie sein.

Dankbarkeit ist der schnellste Weg aus der Bewertung. Und das ist es, was wir wollen: Eine neutrale Haltung lässt uns einen klaren Kopf bekommen und sachlich und konzentriert mit der Situation umgehen, während wir sonst, wenn wir Angst haben, gehemmt in unseren Gedanken sind und uns selbst schwächen. Wenn dir also etwas ganz Blödes passiert und du in deinen Gefühlen und Bewertungen gefangen bist, frag dich, wofür du dankbar sein kannst.

Nehmen wir an, dein Partner/deine Partnerin trennt sich von dir und du bist unendlich traurig. Dann fang an, Ausschau nach den kleinen Geschenken zu halten. Vielleicht musst du jetzt nicht mehr seine Socken hinter ihm herräumen oder du kannst endlich wieder die Sportschau im Fernsehen schauen anstatt Liebesschnulzen anschauen zu müssen.

Hinterher wirst du wahrscheinlich sowieso merken, dass es das Beste war, dass du ihn/sie losgeworden bist, weil jemand in der Warteschleife war, der/die noch viel besser zu dir passt.

Wenn du eine Aufgabe hast, die dir solchen Respekt einflößt, dass du nicht weißt, ob du sie bewältigen kannst, kannst du dich gedanklich auch vollständig davon dissoziieren, um neutral darauf zu schauen und so kreativer zu werden. Überlege dir, wer diese Aufgabe richtig gut und ganz leicht bewältigen könnte. Ist es dein Chef? Einstein? Sokrates?

Sei einfach kreativ und frage dich, was diese Person, die Experte für diese Aufgabe ist, jetzt tun würde. Das klingt vielleicht im ersten Augenblick etwas albern, aber es funktioniert super! Du bekommst ganz neue Ideen und Lösungsansätze, auf die du vorher nie gekommen wärst.

Du kannst da ganz kreativ und verrückt sein. Je verrückter und kreativer, desto eindrücklicher ist es für dein Unterbewusstsein und desto besser kannst du dich von dir und deinen gewohnten Denkweisen distanzieren. Frag dich doch einfach mal, was Superman jetzt tun würde. Zieh dir in Gedanken einen Superman-Anzug an und spüre, wie er beim Gehen hinter dir her weht. Wenn du das ausprobierst, wirst du merken, dass sich schon durch diesen Gedanken deine Körperhaltung ändert. Wenn du Superman wirst, richtest du dich automatisch auf und läufst wesentlich gerader durch die Gegend. Denn wer hat schon einmal einen Superman gesehen, der traurig und gebückt herumläuft?

Das wiederum triggert unser Biofeedbacksystem an. Wenn wir gebeugt sind, ist auch die Grundstimmung eher gedrückt, traurig, depressiv, hoffnungslos. Richtest du dich auf und läufst mit stolz geschwellter Brust durch die Gegend, dann denkst du positiv und optimistisch und hast einen viel größeren Blickwinkel. Also wirf dir den Superheldenumhang um und schreite mit Elan zur Tat!

Damit nimmst du der Situation schon mal einiges an Druck.

Noch mehr Druck nimmst du raus, indem du dir deine Ressourcen bewusstmachst. Wir sind alle eher darauf trainiert, uns immer unsere Defizite vor Augen zu führen, anstatt uns auf unsere Stärken zu besinnen. Das geht schon im frühen Kindesalter los, indem wir schon von unseren Eltern mit anderen Kindern verglichen werden, spätestens aber in der Schule, wenn unsere Leistungen mit denen der anderen Kinder verglichen werden. Es geht vielmehr darum, unsere Defizite auszugleichen, als unsere Talente auszubauen.

Vielleicht kennst du auch die Geschichte mit der Tierschule:

Es wurde beschlossen, dass die Tiere nicht mehr einfach im Wald fröhlich vor sich hinleben sollten, sondern dass sie etwas Sinnvolles tun sollten, um sie zu wertvollen Mitgliedern der Gesellschaft zu machen und ihnen grundlegende Fertigkeiten beizubringen.

Der Lehrplan bestand aus den Fächern Laufen, Schwimmen, Klettern und Fliegen und alle Fächer mussten von jedem belegt werden und sollten auch bewertet werden.

Die Ente war super im Schwimmen und konnte dies sogar um einiges besser als der Lehrer, so dass sie dort mit erstklassigen Leistungen abschnitt. Im Fliegen sah es schon etwas schlechter aus und im Laufen musste sie nachsitzen, weil alle immer auf sie warten mussten, bis sie endlich ins Ziel gewatschelt kam. Dafür durfte sie dem Schwimmunterricht fernbleiben, damit sie ihre Leistungen im Laufen verbessern konnte, was sie etwas betrübte, weil sie doch so gerne im Wasser war. Aber natürlich musste sie auch Laufen lernen und so lief und lief sie, bis ihre Schwimmhäute so durchgelaufen und zerfetzt waren, dass sie schließlich auch im Schwimmen nur noch Durchschnitt war und im Laufen das Klassenziel trotz aller Bemühungen nicht erreichen konnte.

Der Hase hingegen war Erster im Laufen, dafür hatte er im Schwimmen keine Chance und musste wegen nicht vorhandener Leistungen im Fliegen die Klasse wiederholen.

Das Eichhörnchen konnte extrem gut klettern, wurde aber im Fliegen disqualifiziert, weil es partout nicht vom Boden losfliegen wollte, sondern nur von Baumkrone zu Baumkrone. Es wurde dann krank, weil es an permanenter Überanstrengung litt und musste die Klasse wegen langem Ausfall wiederholen.

Am Ende wurde der Aal Klassenbester, denn er konnte ausgezeichnet schwimmen, etwas laufen, klettern und ganz kurz fliegen und hob sich somit leicht vom Durchschnitt ab.

Was uns in dieser Geschichte total absurd vorkommt, ist doch das, was wir in der realen Welt mit unseren Kindern machen. Sie müssen alle alles können, anstatt ein paar „Brillianzfächer" zu haben. Das hatte ich vorher auch schon anhand der Gaußschen Normalverteilung erklärt. Alle Menschen gehören unter die magische Glocke.

Wir sind so darauf trainiert, Durchschnitt zu sein, dass wir uns oft selbst erschrecken und ausbremsen, wenn wir mal hervorstechen. Wir haben gelernt, uns ständig zu vergleichen und spätestens in der Grundschule in Diktaten haben wir gewusst, dass es schlecht ist, Fehler zu machen. Und so haben wir den Fokus immer und immer wieder auf unsere Unzulänglichkeiten gerichtet und immer gehofft, dass sie keiner bemerkt, damit wir keine schlechte Note bekommen. Und so kannst du davon ausgehen, dass jeder von uns, egal wie erfolgreich er ist, ob Manager, Arzt oder Rechtsanwalt, immer noch still und leise denkt: Ich habe eigentlich keine Ahnung - hoffentlich merkt es keiner. Denn auch wenn es nur Defizite in einem kleinen Detail sind, so denken wir, dass es nie gut genug ist, was wir können und haben unseren Fokus auf unser gefühltes Unvermögen gerichtet.

Wir wollen deswegen unseren Blickwinkel weg von unseren Defiziten hin zu unseren Ressourcen richten, denn du hast so viele wundervolle Talente und Fähigkeiten mitgebracht, dass du fast jede Aufgabe spielend bewältigen kannst. Eben auf deine Art. Vergleiche dich nicht mit anderen, sondern gehe deinen eigenen Weg.
Wie können deine Stärken und deine Persönlichkeit dir helfen, die Aufgabe zu bewältigen?

Hundert Wege in ein stressfreies Leben:

Gehe deine Aufgaben folgendermaßen an:

1. Analysiere deine Aufgaben
   Welche Anforderung musst du erfüllen?

2. Probleme bei der Bewältigung analysieren
   Inwiefern fehlen dir eventuell Fähigkeiten
   und Ressourcen, um deine Aufgabe zu erfüllen?

3. Lösung
   Was kannst du tun, um dir das benötigte Wissen anzueignen, Erfahrungen zu sammeln
   oder wer könnte dir bei deiner Aufgabe behilflich sein?
   Du musst nicht immer selbst das Rad neu erfinden.

4. Prioritäten setzen
   Du kannst immer nur eine Aufgabe nach der
   anderen bewältigen.
   Mache also einen Plan, was du zuerst machen
   willst und was dann folgen soll.

Wir wissen bereits, dass die Situation an sich gar nicht
der Stressor ist, sondern unsere Einstellung dazu.
Wenn du dir eine Situation vorstellst, in der du dich

gestresst fühlst, welche Gedanken gehen dir dann in dieser Situation durch den Kopf?

Jetzt analysiere diese Gedanken und frage dich:
- Welche dieser Gedanken sind in dieser Situation hilfreich und unterstützen mich bei der Erreichung meines Ziels?
- Sind meine Gedanken realistisch?
- Tauchen die Worte „nichts", „keiner", „immer" oder „alle" darin auf?
- Welche körperlichen Symptome empfindest du, wenn du deine Stressgedanken denkst?

Du wirst feststellen, dass 99 % deiner Gedanken, die du hast, weder hilfreich noch realistisch sind.
Deswegen ersetze die Gedanken durch hilfreiche und zielführende Gedanken.

Strategien zum Stressabbau:
Wir widmen uns gerne Pseudolösungen, wenn es um den Abbau von Stress geht, die nicht wirklich wirksam sind. Dazu gehört

- Konsum von Kaffee
- Alkohol
- Schokolade
- Medikamente

Überlege bitte, was deine Pseudolösungen sind und was du tust, um besser mit Stress umzugehen.

Welche hilfreichen, zielführenden Methoden könntest du stattdessen wählen?

Du kannst grundsätzlich an folgenden Punkten ansetzen:

- Du veränderst den Stressor, indem du die Stressdosis verringerst und Aufgaben abgibst, überlegst, ob das alles wirklich nötig ist etc.
- Du veränderst dich und arbeitest an deiner Belastbarkeit, trainierst ein positives Verhalten und bewertest die Stresssituationen anders.
- Du kontrollierst deine körperliche Erregung bei der Stressreaktion, indem du dich nicht hineinsteigerst und dir eine Erholung gönnst.

Kognitive Methoden zum Stressabbau:

- Veränderung der inneren Stressoren
  Schreibe alle deine Stressgedanken auf und ersetze sie durch hilfreiche und zielführende Gedanken.
  Aus einem „Ich schaffe das nie" wird ein „Ich schaffe es!" etc.
- Mentaler Gedankenstopp
  Immer wenn dir ein negativer Gedanke auffällt, sage innerlich „Stopp" und denke neu.

Körperlich-seelische Methoden:

- Du weißt selbst am besten, wie du entspannen kannst.

Ist es für dich am besten joggen zu gehen, ein Bild zu malen, ein Instrument zu spielen, zu tanzen, Yoga zu machen?
Mache eine Liste mit Dingen, die dich entspannen und suche dir davon in einer akuten Stresssituation etwas aus!
Werde aber mindestens 3x pro Woche aktiv und beweg dich, um deine Spannungen abzubauen und nimm dir täglich Zeit für mentale Entspannung (faulenzen, Musik hören, kochen etc.)

- Achte auf deine Ernährung, damit deinem Körper bei dem erhöhten Energiebedarf auch mehr Energie zur Verfügung steht und er nicht alle Speicher leer machen muss.
- Iss viel Obst.
- Trink viel.
- Nimm dir Zeit zum Essen.
- Kaue gut.
- Iss vielseitig.
- Bleib in Bewegung und achte auf dein Gewicht.
- Lerne Nein zu sagen
  Wenn du merkst, dir wird etwas zu viel, dann lerne Nein zu sagen - egal ob anderen oder dir selbst gegenüber.
- Entspannung und Achtsamkeit
  Achte ganz konsequent auf dein eigenes Empfinden und deine Bedürfnisse. Wann ist

es dir zu viel und wann brauchst du eine Pause?
- Angst in Kraft verwandeln
Wer sich seinen Ängsten stellt, anstatt sie zu verdrängen, kann sie überwinden.
In jeder Angst steckt immer ein nicht gelebtes Potenzial, das es sich lohnt freizusetzen und somit als neue Energie zur Verfügung steht. Nutze diese fantastische Energiequelle.
- Nimm dir Zeit für Freunde und Dinge, die dein Herz berühren.

Beschäftige dich auch mit den folgenden Fragen:
- Was ist meine größte Stärke?
- Was ist meine größte Angst
- Bewege ich mich ausreichend?
- Wie ist mein Fernsehkonsum?
- Was und wie viel esse ich?
- Wie ist mein Alkoholkonsum?
- Wie sieht es mit meinen sozialen Kontakten aus?
- Wie funktioniert Veränderung?
- Was war als Kind mein Traumberuf und warum?
- Was ist meine Berufung oder Passion?
- Was bringt mich in eine gute körperliche und seelische Balance?
- Was für Hobbys habe ich?
- Was bringt mein Herz zum Singen?

16. Wie sicher fühle ich mich?

Für viele Menschen ist der Gedanke an Sicherheit sehr essentiell und sie richten ihr Leben dementsprechend aus.
Sie legen Geld für ihre Rente zurück, um sich für das Alter abzusichern.
Sie heiraten, um sich die Liebe ihres Partners für immer zu sichern.
Sie kaufen Versicherungen, um sich gegen alle möglichen Risiken abzusichern.
Sie legen Sparkonten an, kaufen Sicherheitsschlösser für ihre Häuser und möchten Sicherheit im Beruf.

Ich denke, dass wir diese Gedanken loslassen sollten, denn Sicherheit ist nur eine Illusion und entspricht in meinen Augen auch nicht der Natur des Lebens. Das Leben ist ständiger Wandel und ständiges Wachstum. Ein ewiger Kreislauf. Lernen, Leben und Sterben.
So wie wir als Menschen geboren werden und sterben, so „sterben" auch Freundschaften, Partnerschaften, Finanzsysteme und manchmal sogar auch Länder und Strukturen. Und das ist gut so. Dinge gehen, wenn sie nicht mehr gebraucht werden oder sich in ihrer Form wandeln sollen. So wie sich eine Raupe in einen Schmetterling verwandelt und niemand diesen Wandel würde stoppen wollen, weil wir wissen, dass die Raupe als Schmetterling viel mehr Möglichkeiten hat. Und wusstest du, dass sich die Raupe, wenn sie sich verpuppt hat, einmal komplett auflöst? Es ist nicht so, dass sie einfach Flügel angebaut bekommt. Sie verflüssigt sich, wird aus der „Raupensuppe" neu

zusammengesetzt und ergibt dann den Schmetterling. Manchmal müssen auch wir uns innerlich einmal komplett „auflösen", um ein neuer Mensch zu werden, der eine noch bessere Version seiner selbst ist. Wir tun das oft nur in Extremsituationen, zum Beispiel nach einer Trennung oder wenn wir unseren Job verlieren. Dann müssen wir manchmal unser altes Ich aufgeben und werden gezwungen, Dinge zu überdenken und abzulegen und werden dadurch sozusagen zwangsverschmetterlingt.

Wir Menschen möchten die Kontrolle, die Welt vorhersehbar machen und die Gewissheit haben, dass alles so bleibt, wie es einmal war. Aber so ist das Leben nicht. Die einzige Sicherheit ist, dass sich alles ändert und im Wandel ist.

So wie Buddha sagt, dass man niemals zweimal in den gleichen Fluss steigen kann. Es wird niemals zweimal der gleiche Fluss sein, weil er immer aus anderem Wasser besteht. So sind auch wir von einer Sekunde auf die andere auch nicht mehr der gleiche Mensch, der wir noch vorhin waren. In der Zwischenzeit ist andere Luft in unseren Lungen, sind andere Gedanken in unserem Kopf, ein paar Zellen abgestorben, dafür andere dazu gekommen, die Haare ein kleines Stück gewachsen und unser Alter ein bisschen fortgeschritten. Die Erde hat sich ein Stück weitergedreht und die Geschichte der Menschheit wurde ein Stück weitergeschrieben.

Und in dieser einen Sekunde kann ein Gedanke von dir die Welt ein Stück weit verändern. So wie es der Butterfly-Effekt beschreibt.

Die Idee dahinter ist, dass manchmal kleine Effekte eine Kettenreaktion auslösen und so andere Phänomene hervorrufen können, so wie ein winziger Schneeball zu einer riesigen Lawine werden kann, so stellt sich beim Butterfly-Effekt die Frage, ob der Flügelschlag eines Schmetterlings in Brasilien einen Tornado in Mexiko auslösen kann.

Es kann sein, dass du durch dein Verhalten, z. B. einen Satz, den du im richtigen Moment zu einer Person sagst, der Auslöser für den Weltfrieden sein kannst. Deswegen sollten wir uns niemals klein fühlen, denn vielleicht hat unser Verhalten ungeahnte Konsequenzen. Und so wie aus einem einzigen Kirschkern ein Baum entstehen kann, wenn er die Möglichkeit bekommt zu keimen, der wiederum tausende von Kirschen hervorbringen kann, so kann eine einzige Handlung oder ein Wort von dir vielleicht am Ende Millionen Menschen inspirieren. Du weißt nie, was du alles bewirken kannst. Es muss auch nicht immer etwas ganz Großartiges sein. Oft sind es gerade die kleinen Dinge im Leben, die einen großen Unterschied machen.

Auf jeden Fall können wir uns sicher sein, dass sich alles wandelt und weiterentwickelt und wir sind die meiste Zeit froh über den Fortschritt. Keiner von uns wäre wahrscheinlich momentan scharf darauf, in einer Höhle zu wohnen und die meiste Zeit des Tages damit zu verbringen, Essen zu sammeln oder zu jagen. Und trotzdem sperren wir uns vor dem Wandel und möchten festhalten, anstatt uns den Geschenken des Lebens zu öffnen und die Wunder unseres Seins zu akzeptieren.

Wir haben Angst davor, dass wir etwas hergeben müssen, das wir lieben, oder dass wir etwas abgeben müssen, das wir brauchen. Aber wenn du ehrlich bist, was brauchst du in deinem Leben wirklich und was ist nur Ballast, den du mit viel Mühe durch dein Leben schleppst? Es fängt schon mit deiner eigenen Geschichte an, die du in deinem Rucksack bei dir trägst und oft als Entschuldigung bemühst, warum du bestimmte Dinge nicht tun kannst. Du sagst, du hast kein Selbstbewusstsein, weil deine Eltern dir nicht oft genug gesagt haben, dass sie dich lieben, du rauchst, weil du als Säugling deine anale Phase nicht ausleben konntest und du kannst nicht mit Geld umgehen, weil du damals kein Taschengeld bekommen hast.

Es gibt für alles 10.548 Ausreden. Aber ist das wirklich wahr?

Ich denke, dass du dich in jeder Sekunde deines Lebens dazu entscheiden kannst, der Mensch zu sein, der du wirklich sein möchtest und Stück für Stück deinen Rucksack ausleeren kannst. Niemand hat gesagt, dass du auf immer und ewig Sklave der Vergangenheit sein musst.

Und unumstößliche Wahrheiten gibt es nicht. Was heute in der Wissenschaft als gefestigtes Wissen gilt, wird in ein paar Jahren widerlegt sein. Meistens gibt es ohnehin zu jeder wissenschaftlichen These mindestens drei Thesen, die das Gegenteil beweisen. So müssen wir uns auch fragen, wer von den Wissenschaftlern eigentlich ein Interesse hat, bestimmte Dinge herauszufinden. Wer gibt das Geld für die Forschung? Dementsprechend werden die Ergebnisse ausfallen.

Und das, was wir wissenschaftlich nennen, ist noch lange nicht so wissenschaftlich, wie wir denken. Forschungsergebnisse sind nicht so gut gesichert, wie es uns glauben gemacht wird.

Nehmen wir zum Beispiel Screening-Tests in der Mammografie. 46 % der Frauen und 42 % der Männer in Deutschland glauben, dass das Ergebnis einer solchen Untersuchung absolut sicher sei. Tatsächlich sind aber von je zehn positiven Ergebnissen acht bis neun falsch:

https://www.welt.de/print/wams/vermischtes/article12894574/Sicherheit-ist-eine-Illusion.html

Wie wissenschaftlich und unumstößlich ist also die Wissenschaft? Am Ende ist auch das nur ein Konzept, eine Illusion, an die wir uns klammern, um uns in dieser Welt zurecht zu finden. *Alles* ist nur ein Konzept und eine Illusion.

Weißt du zum Beispiel, ob die Farbe Rot das gleiche Rot ist, welches ich sehe?

Vielleicht ist dein Rot mein Gelb und ich habe nur gelernt es Rot zu nennen!

Fakt ist, dass jeder von uns in einer völlig anderen Welt lebt, weil wir die Welt niemals neutral sehen können. Wir formen uns unsere Welt durch unsere Gedanken, Erfahrungen und Emotionen immer wieder neu. Wir sehen die Welt nie so, wie sie wirklich ist, sondern so wie *wir* sind, weil wir unsere innere Welt auf die äußere Welt projizieren.

Jeder hat sein eigenes Fenster zu Wirklichkeit und wir können uns nur davon erzählen. Ich habe mal einen Spruch gelesen, der ging ungefähr so:

„Zwei Männer schauen durch die Gefängnisgitter nach draußen. Der eine sieht den Schlamm, der andere die Sterne."

Wer hat Recht? Beide auf ihre eigene Art.

Wenn ich mich informieren will, egal über welches Thema, dann bekomme ich immer eine Fülle unterschiedlicher Infos. Möchte ich zum Beispiel wissen, ob Impfungen gesund oder schädlich sind, dann kommt es darauf an, welche Seiten ich im Internet aufrufe. Wahrscheinlich werde ich mich von vornherein meinem bisherigen Weltbild entsprechend informieren und so bekomme ich auch eher die Informationen, die zu meiner bisherigen Meinung passen. Und ich bekomme im Prinzip zu jedem Thema diese unterschiedlichen Informationen. Ich bekomme im Internet, wenn ich möchte, sogar Informationen, dass die Erde doch eine Scheibe ist. Und wer hat nun Recht? Wir wissen es nicht und können die wenigsten Informationen auch selbst überprüfen. Ich wüsste zum Beispiel nicht, wie ich persönlich mit Sicherheit nachweisen könnte, dass die Erde wirklich rund ist. Es ist eine Annahme, die ich aufgrund angelernten Wissens habe, aber im Prinzip plappere ich nur das nach, was ich von anderen gehört habe. Die Welt ist für uns das, was wir von ihr gehört haben, aber es könnte ebenso gut alles manipuliert sein. Es könnte genauso sein, dass alles nur eine Projektion ist, die wir jeden Tag vorgespielt bekommen. Ein Schauspiel, welches extra für dich inszeniert wird. Unsere Nachrichten könnten uns eine Welt vorgaukeln, die so gar nicht ist. Wir setzen sie uns so zusammen, wie wir es uns vorstellen. Wenn wir immer Nachrichten hören, wo überall

Krieg ist, denken wir, die Welt sei schlecht; schauen wir nur Liebesfilme, denken wir, die Welt sei voller Liebe und bei Horrorfilmen, dass die Welt voller Gewalt sei. Im Prinzip können wir also entscheiden, in was für einer Welt wir leben möchten, da die Welt sowieso so ist, wie wir von ihr denken. Merkst du, was dir das für eine absolute Freiheit gibt?

Alles ist ein Konzept und jeder hat sein eigenes Konzept von der Welt. Und alles kann morgen schon ganz anders sein. Wir könnten morgen aufwachen und ein Atomkraftwerk ist explodiert und alles ist verseucht. Es könnte aber ebenso gut sein, dass Außerirdische landen und die Welt kapern. Es könnte über Nacht die ganze Wirtschaft zusammenbrechen oder es könnte eine weltweite Revolution geben und der Weltfrieden ausgerufen werden.

Die Welt ist in einem labilen Gleichgewicht, genau wie unser Körper auch und es ist in jeder Sekunde alles möglich.

Sicherheit ist eine Illusion. Morgen kann deine Welt schon ganz anders aussehen.

Morgen könntest du schon im Paradies erwachen. Oder vielleicht lebst du schon im Paradies und hast es gar nicht gemerkt, weil du denkst, du wärst in der Hölle gelandet und alles sieht für dich aus wie Hölle. Vielleicht bist du der intelligenteste Mensch dieser Erde, aber man hat dir immer gesagt, dass du total dumm bist und du hast es geglaubt. Vielleicht bist du der berühmte Adler, der glaubte ein Huhn zu sein. Vielleicht hast du ungeahnte Zauberkräfte, aber es hat dir keiner gesagt und du hast den versteckten Schalter noch nicht gefunden.

Alles ist möglich, was wir für möglich halten. Sonst wären keine Flugzeuge erfunden worden, wenn es unter den Millionen von Menschen, die es für unmöglich gehalten haben, nicht mindestens einen gegeben hätte, für den das eine realistische Facette der Wirklichkeit gewesen ist. Einer, der mutig genug war zu träumen. Einer, dem der Spott der anderen egal war und der sich seine Idee nicht hat ausreden lassen, so wie wir uns fast alle unsere Träume ausreden lassen. Ich habe gerade die Tage ein Interview in einem Podcast von Laura Malina Seiler gehört, bei dem sie Thaddeus Koroma zu Gast hatte, der sie fragte, welches der reichste Ort dieser Welt sei. Sinngemäß hieß es da, dass es nicht der Vatikan mit dem ganzen Gold sei oder der Palast irgendeines Scheichs in Dubai, sondern unsere Friedhöfe, weil dort so viele Bücher liegen, die nie geschrieben wurden, so viele Ideen, die nie umgesetzt wurden, Medikamente, die nicht entwickelt wurden, etc. Thaddeus sagt in dem Interview, dass es so wichtig ist, dass wir eines Tages einmal leer sterben und unsere Ideen auf der Erde lassen.

Ich finde dieses Bild sehr schön und gleichzeitig so ergreifend, weil es uns zeigt, wie wichtig es ist, dass wir unsere Ideen in die Welt bringen, denn die Welt wird definitiv eine andere sein, wenn du dein Wissen und deine Fähigkeiten in die Welt bringst und du sie daran teilhaben lässt. Die Welt hat keine unumstößlichen Gesetze. Die Welt formt sich jeden Tag neu und kann verändert werden. Erzähle jedem von deinen Ideen, denn sie könnten dazu beitragen, dass die Welt morgen eine andere ist. Vielleicht bist du der Schmetterling, der den Tornado auslöst. Du wirst es nie wissen, wenn du es nicht ausprobierst.

Was aber auch immer du tust, sei offen für das, was passiert. Denke daran, dass du nichts festhalten kannst, sondern dass sich jeden Tag alles erneuert. Und wenn du etwas losgelassen hast, dann hast du die Hände frei, um neue Geschenke entgegenzunehmen. Und ich hoffe, dass du, egal, was dir das Leben zu bieten hat, es als Geschenk sehen kannst, frei nach dem Motto: Wenn das Leben dir Zitronen gibt, mache Limonade draus.
Es nützt absolut gar nichts, in den Widerstand zu gehen und dich gegen die Naturgesetze aufzulehnen. Du wirst den Wandel nicht aufhalten. Wenn du in den Widerstand gehst, dann wirst du brechen. Auch eine ganz feste Eiche wird bei einem starken Sturm irgendwann brechen oder entwurzelt werden, wohingegen ein kleiner flexibler Strauch überleben kann, der sich biegen lässt.
Wir haben aber gelernt, dass wir immer stark sein müssen. Wir machen uns hart und bauen einen Schutzpanzer auf und meinen, dadurch unbesiegbar zu werden. Am Körper zeigt sich das als ein sogenannter Muskelpanzer. Die Muskeln werden hart und es baut sich Spannung auf. Aber wir haben vorher schon gesehen, dass uns genau diese Spannung unseren eigenen Lebenssaft abschnürt. Wir halten einem gewissen Sturm stand, aber dann brechen wir. Bleib also lieber flexibel und biegsam und nimm die Gegebenheiten so an, wie sie sind, denn genau das ist eine deiner größten Ressourcen. Vergiss die Illusion der

Sicherheit und lerne es, flexibel auf alle Geschenke des Lebens zu reagieren, denn wenn du alles loslassen kannst und die Sicherheit aufgibst, dann ist das größte Wachstum möglich, was dir widerfahren kann.

Wir finden die Sicherheit in der Umarmung der Unsicherheit. Indem wir unsere größten Ängste umarmen, erfahren wir absolute Freiheit.

17. Wie schaffe ich einen sanften Übergang von der Sicherheit in die sozialen Bedürfnisse?

Wenn deine Sicherheitsbedürfnisse geklärt sind, kommt es zum allerersten Mal zu einem Kontakt mit anderen. Vorher hat sich alles nur auf dich bezogen in der Bedürfnispyramide und auf Dinge, die für dich alleine wichtig sind. Alles hat sich nur um dich gedreht.

Das ist auch das, wie es gesund ist. Du musst erstmal schauen, wie es dir geht, bevor du dich um andere kümmern kannst.

Du musst selbst erstmal satt sein, bevor du dich um den Hunger der anderen Menschen kümmern kannst. Das ist allerdings etwas, was viele Menschen vergessen. Es ist aber so wie im Flugzeug mit der Maske mit dem Sauerstoff: Kümmere dich erst um deine eigene Maske und rette dich, bevor du dich um andere kümmerst, weil du dann viel besser und länger ein Beitrag für andere sein kannst. Wenn du selbst satt und glücklich bist, dann bist du viel wertvoller für andere, als wenn du hungrig durch die Gegend läufst. Oder noch etwas anders gesagt:

Wenn jeder vor seiner eigenen Tür kehrt, dann ist die ganze Welt sauber.

18. Wie funktioniert Liebe und Partnerschaft wirklich?

Wie viele Menschen leben tatsächlich in einer glücklichen Partnerschaft und haben die Beziehung, die sie sich immer gewünscht haben?
Laut Studien sind 80 % aller Menschen in einer Beziehung nicht glücklich und über 1/3 aller Menschen in einer Partnerschaft gehen fremd.
Die Scheidungsrate lag 2015 bei 40,82 %.
Warum ist das wohl so und warum sind so wenige Menschen in der Lage, eine wirklich glückliche Beziehung zu führen?

Ich denke, der Hauptgrund ist einer von denen, über die ich vorhin im Einführungskapitel geschrieben habe: Die meisten Menschen sind einfach selbst nicht satt und mit sich selbst nicht so zufrieden, als dass sie eine glückliche Beziehung führen könnten.
Die wenigsten von uns haben es von ihren Eltern vorgelebt bekommen, wie eine richtig glückliche Beziehung funktioniert, weil diese eben auch nicht wirklich glücklich waren. Und wir haben nie gelernt, bedingungslose Liebe zu erhalten. Liebe ist für uns immer schon an Voraussetzungen geknüpft. Wir müssen, um geliebt zu werden, unser Zimmer aufräumen, eine Eins in Mathe schreiben oder den Tag über ganz „lieb" sein. Am Ende ist Liebe unser ganzes Leben eher so etwas wie ein Tauschgeschäft. Immer ist sie an ein „wenn" gebunden. Wenn du mich liebst, dann liebe ich dich auch. Wenn ich sage, dass ich dich liebe, dann will ich auch, dass du es sagst. Wir sagen es

nicht, weil wir selbst so viel Liebe in uns haben, dass wir praktisch überfließen und platzen, wenn wir nicht auf der Stelle etwas davon teilen können. Wir haben selbst nicht genug und denken, wir könnten davon nur etwas abgeben, wenn wir gleich sofort etwas davon zurückbekommen. Aber so ist die Liebe nicht. Die Liebe kommt nicht aus dem Mangel, die Liebe kommt aus der Fülle. Wir haben sie nur völlig fehlinterpretiert, weil es da, wo wir herkommen und wie wir aufgewachsen sind, auch nie genug Liebe gegeben hat. Wir denken, wir müssten immer etwas dafür tun, damit wir Liebe bekommen können und ihrer würdig sind.

Wir denken, wir müssten jemand Bestimmtes sein, um Liebe empfangen zu dürfen und rechnen gar nicht damit, dass wir einfach um unser selbst willen geliebt werden könnten. Deswegen geben wir unsere Liebe auch nicht einfach bedingungslos her. Der andere muss schon etwas dafür tun: sich im Haushalt einbringen, seine Socken wegräumen, Geld mit nach Hause bringen, uns immer sagen, wie schön und wie toll wir sind usw.

Und wir möchten natürlich auch nicht derjenige sein, der mehr gibt als der andere. Wir möchten, dass der andere uns zuerst sagt, dass er uns liebt. Wir möchten keinen Vorschuss geben, denn es könnte ja, sein, dass unser Einsatz keine Rendite bringt. Wir behandeln Menschen oft so, als seien sie ein Geschäft. Ich zahle etwas ein, möchte aber sicher sein, dass ich dafür mehr zurückbekomme. Aber der Grund ist eben der offensichtliche. Wir empfinden in uns selbst einen Mangel. Wir lieben uns selbst zu wenig und haben deswegen das Gefühl, wir müssen sorgsam mit unseren Gefühlen umgehen. So wie wenn wir zu wenig Geld haben. Dann würden wir natürlich nicht auf die Idee kommen, eine risikoreiche Investition zu machen, wenn wir noch nicht mal genug zu essen im Kühlschrank haben. Wenn dagegen Geld keine Rolle spielt, weil wir genug haben und wissen, dass wir im Überfluss leben und wir so viel Geld auf dem Konto haben, dass wir es niemals in diesem Leben ausgeben können, dann geben wir es natürlich gerne her, investieren und verschenken es auch gerne. So ist es eben auch in der Liebe. Wenn wir komplett mit Liebe erfüllt sind und wissen, dass in uns ein niemals endender Liebesgenerator ist, dann geben wir gerne und freizügig von dieser Liebe ab, verschenken sie gerne an jeden. Wir geben einfach, weil wir so viel davon haben und es uns eine Freude ist, sie weiterzugeben. Wir laufen praktisch über vor Liebe und wissen gar nicht wohin damit.

Das ist wohl der Idealzustand, aber davon sind die meisten Menschen noch eine Idee entfernt. Wie wir uns dem Zustand aber Schritt für Schritt annähern, dazu kommen wir noch intensiver in dem Kapitel über Selbstliebe. Jetzt schauen wir mal, was wir mit dem begrenzten Kapital an Liebe, was wir schon in uns haben, für unseren Partner tun können, um zu einer wunderbaren und erfüllten Partnerschaft zu gelangen.

Am Anfang der Beziehung ist alles schön, der Partner perfekt und wir sehen zunächst alles durch die berühmte rosarote Brille.

Leider hält dieser Zustand nicht an und geht im Alltag meist verloren.

Oftmals scheitern unsere Beziehungen daran, dass wir uns nicht mehr so geliebt und begehrt fühlen wie am Anfang. Wir meinen, dass uns unser Partner nicht mehr zeigt, dass er uns liebt. Aber oftmals weiß unser Partner gar nicht, wie er es uns zeigen kann, dass wir es auch verstehen. Oft wissen wir dies selbst nicht einmal so genau. Da hilft es, uns einmal selbst darüber klar zu werden, was wir uns wünschen und uns zu notieren, was wir uns von unserem Partner wünschen. Das kann dann sozusagen wie eine Betriebsanleitung für die Liebe sein.

Es könnte dann klingen wie folgt:

Ich wünsche mir, dass du mir zwischendurch sagst, dass du mich liebst, aber nicht zu oft. Viel wichtiger ist es mir, dass du mir durch deine Gesten zeigst, dass du mich liebst. Dass du mir kleine Geschenke mitbringst, die mir zeigen, dass du an mich gedacht hast. Das muss gar nichts Großes sein, sondern vielleicht einfach meine Lieblingsschokolade, an der du im Supermarkt vorbeigekommen bist. Am allerwichtigsten sind mir allerdings Berührungen. Ich muss spüren, dass du mich liebst, indem du mich immer wieder in den Arm nimmst, meine Nähe suchst, mir sanft über den Rücken streichelst, wenn ich mir gerade einen Tee mache, mir zärtlich eine Haarsträhne hinter mein Ohr steckst, wenn ich vor dir stehe. Essenziell sind für mich auch Stirnküsse. Vielleicht klingt das irgendwie kitschig, aber Stirnküsse haben für mich etwas ganz Besonderes. Sie sind für mich eine Mischung aus einem Ritterschlag und dem Versprechen, dass alles gut wird.

Ich brauche zudem oft das Gefühl, von dir begehrt zu werden. Ich bin sehr empfänglich für bestimmte Signale, wie wenn du dir fast unmerklich über deine Lippen leckst, wenn du mich siehst. Körperliche Nähe ist sehr wichtig für mich und der schönste Liebesbeweis überhaupt.

Ich finde es toll, wenn du in meiner Gegenwart eine Mischung aus sanft und männlich bist. Sanft im Sinne von Gentleman, der durch Gesten symbolisiert, dass er mich als seine Frau vergöttert und männlich im Sinne von leicht dominant, so dass du dir einfach manchmal nimmst, wonach dir gerade ist. Du bist um mein Wohlergehen bemüht und möchtest mir immer wieder eine Freude machen und magische Momente kreieren. Du buchst zum Beispiel ein Musical mit Hotel, um mich zu überraschen, bereitest ein

*Picknick bei Vollmond vor oder kochst mein Lieblingsessen
für mich.*

*Ich erwarte keine großen Geschenke von dir, aber ich möch-
te gerne, dass du mich bei meinen Projekten unterstützt
und mich bestärkst.*

*Ich möchte, dass du auch selbst deine eigenen Projekte hast
und deinen eigenen Weg gehst. Ich wünsche mir, dass wir
beide unseren Freiraum haben und Zeit alleine verbringen,
aber wenn wir zusammen sind, dann möchte ich der Mit-
telpunkt deines Universums sein. Überhaupt ist es schön
für mich, auch über den Tag verteilt zu hören, dass du an
mich denkst. Auch wenn wir nicht zusammen sind, möchte
ich immer die Verbindung zu dir spüren. Ich habe es gerne,
wenn mich vieles an dich erinnert. Wenn ich zum Beispiel
ein Armband von dir habe, das ein ganz leises Geräusch
macht, wenn ich meinen Arm bewege und ich bei dem Geräusch immer an dich denke. Wenn du mir ganz oft eine
Nachricht schickst, wenn du an mich denkst und ich merke,
dass du mich mit jeder Faser deines Körpers liebst. Für
viele mag das zu viel sein, aber ich liebe es generell alles aus
tiefstem Herzen zu tun und bei der Liebe dann erst recht.*

Jeder braucht natürlich etwas anderes und viele Menschen lieben den anderen so, wie sie selbst gerne geliebt werden möchten und nicht so, wie der andere
gerne möchte, was ganz automatisch zu Missver-
ständnissen führt und zu dem Gefühl, nicht wirklich
geliebt zu werden.

Ein sehr hilfreicher Ratgeber um diese Kommunikati-
onsschwierigkeiten aus dem Weg zu räumen, ist das
Buch

Die 5 Sprachen der Liebe von *Gary Chapman*, welches genau darauf eingeht.

Dort gibt es folgende Sprachen der Liebe:

1. Lob und Anerkennung
2. Zweisamkeit
3. Geschenke
4. Hilfsbereitschaft
5. Zärtlichkeit

Wenn jemand selbst zum Beispiel seine Liebe durch Hilfsbereitschaft ausdrückt, der andere aber gerne gelobt werden will für das, was er getan hat, was er anhat, wie er aussieht etc., dann kann es sein, dass sich der Partner beschwert, weil wir nie ein Lob geäußert haben und wir die Welt nicht mehr verstehen, dass der andere sich nicht geliebt fühlt, weil wir doch die ganze Zeit für ihn da gewesen sind. Wir haben uns doch so bemüht und warum wird das jetzt nicht anerkannt? Wir haben sozusagen durchgängig unsere Liebe signalisiert, aber leider ist es nicht angekommen, weil unser Partner eine andere Sprache spricht. Wenn wir diese Sprache kennen und wissen, was wir tun müssen, dann ist alles kein Problem, aber wenn nicht, können die schönsten Beziehungen daran scheitern. Das ist wirklich schade, weil einer der beiden oder auch beide das Gefühl haben, sie hätten doch immer alles gemacht, um den anderen glücklich zu machen und der andere hat im Gegenteil das Gefühl, der andere hätte sich nie bemüht. Beide haben in dem Fall ja irgendwie Recht, weil sie jeweils eine andere

Sprache sprechen und sich deswegen nicht verstehen können. Dazu müssen wir uns unsere eigene Sprache einfach bewusstmachen und es dem anderen ganz klar kommunizieren und der andere wird sich riesig freuen uns dieses Geschenk zu machen, uns so zu lieben, wie wir es uns wünschen und seinerseits genießen, wenn wir es ihm auf seine Art zurückgeben. Das ist wohl das Schönste, was wir in einer Partnerschaft für uns tun können und so werden wir uns immer ganz nah, geliebt und verstanden fühlen.

Ein Gefühl, was uns dann noch gefährlich werden kann, ist die Angst, was in meinen Augen das Gegenteil von Liebe ist und die Liebe zerstören kann. Ein Gefühl, das von Angst dominiert wird, ist zum Beispiel die Eifersucht. Eifersucht ist die Angst vor dem Vergleich. Sicher kennt fast jeder von uns das Gefühl, wenn wir mit unserem Partner zusammen auf einer Party sind. Wir selbst sind nicht so gut drauf und fühlen uns nicht gut. Unser Partner redet dann mit der schönsten Frau dieser Erde, die zudem auch noch witzig, charmant und total sympathisch ist. Die beiden lachen zusammen und haben total viel Spaß, während wir uns von Sekunde zu Sekunde mieser fühlen. Wir wissen, wir sind an dem Abend keine gute Gesellschaft. Und wann hat er eigentlich das letzte Mal so ausgelassen mit mir gelacht? Wir könnten platzen vor Neid und Eifersucht. Die beide bringen unsere schlimmsten Ängste in uns hoch. Wir könnten ihn verlieren, da die andere ja sowieso viel toller ist als wir. Wir stellen uns schon vor, wie er mit uns Schluss macht und wir ein paar Tage später erfahren, dass die beiden heiraten und ihre Flitterwochen auf den Malediven verbringen. Egal, was du jetzt auf dieser Party sagst oder tust, es wird nicht förderlich für deine Beziehung sein und eher dafür sorgen, dass genau deine schlimmste Befürchtung eintritt, anstatt deine Beziehung noch schöner und intensiver zu machen. Verlustängste führen genau dazu, dass wir den anderen verlieren. Eifersucht bewirkt, dass wir den Partner in die Arme eines anderen/einer anderen treiben. Sicher kennst du den Ausdruck Self-fulfilling prophecy, der besagt, dass unsere Befürchtungen eintreten werden. Deswegen ist es sehr wichtig, uns die Ursache unserer Ängste anzuschauen, die wir oft noch aus Kindertagen mit uns herumschleppen. Da war unsere Angst verlassen zu werden noch berechtigt, weil es gleichbedeutend gewesen ist mit dem Tod. Als Kind macht es also noch Sinn, aber wir haben diese Ängste oft auch noch als Erwachsener, weil wir noch das kleine ängstliche Kind in uns haben. Die Übung mit der Atmung ist hier sehr heilsam, wo wir in das Gefühl reinatmen und es intensiv spüren. Meist verlässt es unseren Körper dann freiwillig nach ein paar Minuten. Sollte dies nicht der Fall sein, so frage dich, welches Gefühl dich dabei unterstützen kann, es loszulassen. Bei Ängsten ist es oft ein Gefühl von Geborgenheit, Liebe oder Sicherheit.

Ein weiterer wichtiger Grundstein für eine liebevolle Beziehung ist, dass wir uns selbst lieben, uns wertschätzen und mit uns und in uns in vollkommener Harmonie und im Frieden sind. Das ist die Grundlage dafür, überhaupt jemanden lieben zu können.

Je attraktiver du dich selbst fühlst und je mehr du ausstrahlst, dass du dich selbst liebst, desto attraktiver bist du auch für andere. Das ist natürlich etwas ironisch, denn gerade wenn wir uns selbst nicht lieben, könnten wir es ja so dringend von außen brauchen, aber die Menschen, die schon am meisten Liebe in sich haben, bekommen noch mehr von außen geschenkt.

Da dieses Thema so wichtig ist, bekommt es nochmal ein eigenes Kapitel mit speziellen Übungen, wie du deine Selbstliebe aufbauen und verstärken kannst. Durch die Selbstliebe lädst du dein eigenes Konto wieder auf und hast in einer Beziehung wirklich etwas zu geben. In den meisten Partnerschaften ist es allerdings so, dass jeder vom anderen erwartet, etwas zu bekommen, was er in sich selbst nicht findet. Wir erwarten, dass der andere uns glücklich macht, aber genau so funktioniert es eben nicht. Der Weg ist anders rum: Du sorgst dafür, dass du so voll mit Selbstliebe bist, dass du beinahe platzt, wenn du sie nicht auf der Stelle teilen und jemanden damit überhäufen kannst. Ansonsten ist es eher so, als ob zwei Bettler auf der Straße nebeneinander herlaufen und sich gegenseitig in die Tasche greifen und feststellen, dass der andere auch nichts hat.

Eine Partnerschaft kann dir niemals auf Dauer das geben, was du dir selbst nicht gibst. Wenn wir so denken, haben wir das Geheimnis einer Partnerschaft noch nicht entdeckt. Der erste Schritt ist, dass du dich selbst so behandelst, wie du von deinem Partner gerne behandelt werden möchtest. Dazu gehört auch, dass du mit dir selbst so redest, wie du möchtest, dass ein Partner mit dir redet: respektvoll und liebevoll. Damit haben wir meistens erstmal genug zu tun, denn wenn du ehrlich bist, würdest du keinem Menschen dieser Welt erlauben, so mit dir zu reden, wie du oftmals selbst mit dir sprichst. Wir beschimpfen uns oft selbst auf das Übelste und sagen Dinge zu uns, die wir von anderen als tief verletzend empfinden. Aber glaub mir, du verletzt dich damit selbst auch zutiefst und es geht nicht spurlos an dir vorbei, sondern schneidet jedes Mal eine kleine Wunde in dein Herz. Wir können es uns auch vorstellen wie ein Glas klares Quellwasser, in das wir mit jedem Satz wie „du bist aber auch einfach zu blöd", „immer versaust du es", etc. einen Tropfen Gift träufeln. Und aus diesem Glas trinken wir Tag für Tag. Kein Wunder, dass wir uns nicht immer energiegeladen und glücklich fühlen. Sei dir also zuerst selbst der beste Partner und rede liebevoll mit dir. Mach dir selbst eine Freude, hab es schön mit dir selbst, bevor du dich einem anderen Menschen zumutest.

Wann immer dir in einer Partnerschaft etwas fehlt, ist es ein Hinweis darauf, dass du es dir selbst verwehrst. Gib dir also zuerst selbst, bevor du etwas forderst. Die Magie daran ist, dass du es dann vom Gegenüber gar nicht mehr brauchst, weil du jetzt aus dir selbst heraus so glücklich bist, dass du niemanden mehr benötigst, der dich glücklich macht, sondern du vielmehr Ausschau nach jemandem hältst, den du mit deinem Glück überhäufen kannst. Du wirst dadurch zu einem Magneten, denn Menschen sehnen sich nach anderen Menschen, die aus sich selbst heraus glücklich sind. Sie lieben Menschen, die voller Energie sind und deren Akku voll aufgeladen sind. Sie haben Angst vor Menschen, die versuchen, ihren Akku an der eigenen Steckdose aufzuladen.

Kein Mensch kann aber die Defizite auf dem Energiekonto des anderen ausgleichen. Wenn wir es versuchen, droht uns selbst die emotionale Insolvenz.

Wir sind dann weit entfernt von der bedingungslosen Liebe, so wie es in einer Partnerschaft eigentlich sein sollte. Wünschen wir uns dies nicht alle tief in unserem Herzen? Einen Partner, der uns so liebt, wie wir sind? Egal was wir gerade Dummes gesagt oder getan haben. Egal wie peinlich wir gerade aussehen.

Aber mal ehrlich: Liebst du deinen Partner selbst so bedingungslos, wie du gerne geliebt werden würdest? Das würde ja auch bedeuten, dass du ihn lieben würdest, egal was ist. Wenn er durch einen Brand entstellt oder durch einen Unfall im Rollstuhl sitzen würde.

Liebst du also deinen Partner tatsächlich für das, was er ist, oder für das, was er darstellt und dir gibt?

Um diese bedingungslose Liebe geben zu können, musst du selbst erst einmal deinen Kontostand verbessern und dein Liebeskonto in schwindelerregende Höhen treiben, damit du solche eine Liebe empfinden kannst, die auch die Falle der liegen gebliebenen Socken überwinden kann.

Zuerst musst du dir also selbst diese Liebe entgegenbringen und so von dieser Liebe zu dir selbst erfüllt sein, dass du freiwillig jedem, der dir begegnet, ganz freimütig von dieser Liebe gibst, ohne dafür etwas zurück zu erwarten. In diesem Augenblick hört dann auch endlich der Tauschhandel und die Prostitution in unseren Beziehungen auf: Wenn du mir einen Orgasmus bescherst, dann bekommst du auch einen zurück. Dann ist der Punkt gekommen, wo wir alles einfach geben, weil es uns aus tiefstem Herzen mit Freude erfüllt. Wir geben, weil wir selbst genug haben und auch wollen, dass alle anderen genug haben. Wir brauchen nichts zurück, weil wir sowieso schon satt sind.

Und was das größte Geschenk ist, was wir einem anderen machen können: Ihn einfach so nehmen, wie er ist.

Einen Menschen lieben heißt, ihn so zu sehen, wie Gott ihn gemeint hat.

Fjodor Mechalilowitsch Dostojewski

Das ist sicherlich keine leichte Aufgabe, sondern wohl die Königsdisziplin in einem Leben als Mensch. Ich kann von mir auch nicht behaupten, dass ich darin ein Meister bin, sondern wohl eher noch in der Übungsphase, aber ich habe einen kleinen Vorgeschmack darauf bekommen, was es heißen könnte.

Das war, nachdem mein Vater einen Schlaganfall hatte und ich ihn in meine Nähe in ein Pflegeheim geholt habe. Wir hatten es nicht immer so leicht miteinander und es gab viele Verletzungen, Missverständnisse und Unverständnis zwischen uns, so dass wir nur noch selten Kontakt hatten. Nachdem er den Schlaganfall hatte, konnte er nicht mehr essen, nicht mehr sprechen, sich nicht mehr bewegen und im Prinzip eigentlich nur noch im Bett liegen und an die Decke starren. Und was von außen wie eine sehr dramatische und schwer zu ertragende Situation aus-

sah, sollte sich für mich als das größte Geschenk her-
ausstellen, das mir jemals in meinem Leben zuteilge-
worden ist - abgesehen von dem Moment, als mir
mein Leben geschenkt wurde.

Dadurch, dass mein Vater nicht mehr sprechen konnte und die normale Sprache als Quelle vieler Missverständnisse weggefallen ist, war es so, als ob unsere
Kommunikation auf einer anderen Ebene stattfand.
Ich weiß, dass es sich furchtbar kitschig anhört, was
ich jetzt sage, aber es war so, als ob unsere Kommunikation von da an von Herz zu Herz stattgefunden
hätte. Auf einmal gab es die ganzen Rollen nicht
mehr, die wir gespielt haben. Es gab keine Verletzungen mehr, keine Mauern, sondern es war, als könnte
ich ihn einfach in seiner Essenz wahrnehmen, eben so,
wie Gott ihn gemeint hat, so wie er im Kern war. Und
alles, was dieses Leben aus ihm gemacht hatte, fiel
einfach weg und war komplett unwichtig. Es ist so
etwas Unbeschreibliches, wenn du das wirklich in
einem Menschen sehen kannst. Das hat mein Inners-
tes so sehr berührt, dass ich ihm auf der Stelle alles
aus tiefstem Herzen verzeihen konnte, was zwischen
uns vorgefallen war. Alles war auf einmal so unwichtig und unbedeutend. Am Ende machen wir es ja immer so gut, wie wir es gerade können und da wir ja
alle noch auf dem Weg zur Meisterschaft sind, müssen wir es auch uns und unseren Mitmenschen zuge-
stehen, Fehler machen zu dürfen. Und wenn andere
in unseren Augen Fehler machen, schenken sie uns
damit oft das größte Potenzial uns zu entwickeln und
ein bisschen mehr zu unserer wahren Größe heran-
zuwachsen.

Nun war natürlich die Situation mit meinem Vater eine Ausnahmesituation, die an den Zeitraum gekoppelt war, als er sozusagen im Sterben lag. In solchen Situationen erkennen wir oft, worauf es im Leben wirklich ankommt und können auf einmal sehen, was wirklich wichtig ist. Aber wie schön wäre es doch, wenn wir dem Menschen, den wir von Herzen lieben, dieses Geschenk immer machen könnten. Wie bekommen wir es also hin, dass wir so wahrnehmen können?

Ich frage mich also einfach, was ich sehen würde, wenn ich die andere Person so sehen könnte, wie Gott sie gemeint hat. Wenn dir diese Geschichte mit Gott so gar nicht liegt, kannst du dich auch fragen, was du sehen würdest, wenn du die Essenz dieses Menschen erkennen könntest.

Und wenn du damit nicht so gut klarkommst, dann können wir auch wieder die Liebe als stärkste Kraft hinzuziehen und fragen: „Wie würde die Liebe das sehen?" oder „was würde die Liebe jetzt tun?" Für mich sind das wunderschöne Fragen, die ganz viel für mich verändern, weil sie mir helfen, aus meiner Bewertung herauszugehen. Das ist es nämlich, was uns vom anderen entfernt. Wenn wir verliebt sind, dann haben wir eben diese Bewertung noch nicht. Der andere Mensch ist für uns der tollste Mensch, der je über diesen Planeten gewandelt ist und alles ist wunderschön mit ihm. Bis dann eben der Moment einsetzt, an dem die Bewertung losgeht. Dann stören uns auf einmal Dinge, die vorher auch schon da waren, die wir aber nicht gesehen haben. Wir haben uns da auch noch auf unsere Gemeinsamkeiten konzentriert, aber auf einmal sehen wir so viel, wo der Partner ganz anders ist.

Nochmal zur Erinnerung: Wo Dankbarkeit ist, hört die Bewertung auf. Finde ganz viele Dinge, für die du an deinem Partner dankbar bist und allein dadurch wird sich wieder sehr viel ändern.

Das Wort „Beziehung" bedeutet laut Definition „der Abstand zweier Dinge zueinander." Vielleicht brauchen wir diesen Abstand auch, um uns im Anderen selbst zu erkennen, aber er sollte nicht auf einmal wie eine unüberwindbare Kluft zwischen uns liegen. Versuch, durch die Liebe eine Brücke zu deinem Partner zu bauen und ihn immer aus den Augen der Liebe zu sehen. Wann immer dich etwas nervt, frage dich, was die Liebe jetzt sehen würde und gewöhne dir den Blick der Liebe an. Das bewirkt wirklich Wunder. Und das Wunder ist komplett, wenn du nicht nur dich und deinen Partner, sondern alle Menschen dieser Welt und alle Situationen durch die Augen der Liebe sehen kannst.

Das ist, denke ich, der Weg zur Meisterschaft und ein Teil unserer Aufgabe, für die wir hier als Menschen angetreten sind: die Liebe als stärkste Kraft zu entdecken und durch die Umsetzung diesen Planeten wieder zum Paradies zu machen.

Hundert Wege zu einer erfüllenden Beziehung:

1. Mach dir bewusst, dass deine Beziehung deiner größten Absicht entspricht. Was verfolgst du also mit deiner Beziehung für ein Ziel? Was kannst du lernen und wo kannst du wachsen?

2. Schreibe eine Bedienungsanleitung dafür, wie dich dein Partner behandeln soll und wie du in der Liebe funktionierst.

3. Stelle immer wieder die Frage: „Was würde die Liebe jetzt tun?"

4. Überlege dir zusammen mit deinem Partner, was ihr jeweils für eine Sprache der Liebe sprecht und fangt an, in dieser Sprache zu eurem Partner zu sprechen.

5. Schreibe alle Dinge auf, für die du an deinem Partner und eurer Beziehung dankbar bist.

19. Können wir perfekte Eltern sein?

Wahrscheinlich ist es die schwierigste Aufgabe auf dieser Welt: zum einen Eltern zu sein und einem kleinen Wesen zu helfen, sich in dieser Welt zu behaupten und zurechtzufinden und zum anderen aber auch, Eltern zu haben.

Wenn wir uns vorher darüber im Klaren wären, was es tatsächlich bedeutet, diese Aufgabe der Elternschaft zu übernehmen, dann würden es sich sicher viele gar nicht mehr trauen und die Menschheit wäre vom Aussterben bedroht.

So nimmt doch das Kind wie ein Schwamm alles von uns auf. Unsere Gedanken, Gefühle und auch unser Weltbild. Wir formen es und tragen im Wesentlichen dazu bei, wie dieses Kind die Welt sieht, was es für ein Verhältnis zu sich selbst und der Welt haben wird, ob es eher Optimist oder Pessimist sein wird etc. Wenn ich das so aufschreibe, bekomme ich gerade eine Gänsehaut und einen riesen Respekt davor, dass sich meine Eltern dieser Aufgabe gestellt haben und ich möchte ihnen an dieser Stelle danken, dass sie so mutig waren und dabei Tag für Tag ihr Bestes gegeben haben, auch wenn sie im Nachhinein natürlich wie alle Eltern oftmals denken, sie hätten ihre Aufgabe nicht gut genug gemacht. Aber niemand wird wirklich als fertige Mutter oder als Vater geboren mit einer Gebrauchsanweisung für diesen kleinen Erdenbürger in der Hand. Und auch, wenn wir schon 12 Kinder davor gehabt haben, so hat doch jedes Kind wieder ganz andere Bedürfnisse, die wir nicht immer alle erahnen können, selbst wenn wir total feinfühlig sind und versuchen uns ganz auf unsere Kinder einzulassen. Wir würden schließlich auch nicht erwarten, dass wenn jemand eine riesige Firma überlassen bekommt und vorher nicht einmal BWL studiert hat, er diese Firma von heute auf morgen reibungslos führen könnte. Wir kennen die Abläufe noch nicht, den Markt, die Mitarbeiter und müssen da erstmal hineinwachsen. Und selbst wenn wir da hineingewachsen sind, dann können wir nicht alle Veränderungen in der Marktwirtschaft, den Finanzen, unseren Ausgaben und bei unseren Mitarbeitern vorhersagen. So ist es wohl bei unseren Kindern auch. Auch wenn wir unser Bestes geben und ihnen ein starkes Selbstbewusstsein zu geben versuchen, so haben wir dennoch keinen Einfluss darauf, ob unser Kind vielleicht in der Schule gemobbt wird. Wir können nicht immer wissen, welche Sätze wir sagen müssen oder ob wir sie in den Arm nehmen oder ihnen lieben sagen sollten, dass sie stark sind und sie alles schaffen können und sie einfach kämpfen müssen. Auch wenn wir alles so machen, wie wir es selbst gerne erfahren hätten, so wissen wir nicht, ob es auch das ist, was sie in diesem Augenblick brauchen. Wie in dem Kapitel mit den verschiedenen Sprachen der Liebe beschrieben ist es natürlich auch wichtig, sein Kind zu fragen, was es in dem Moment genau braucht. Ob es Worte braucht, eine Umarmung oder wie es sich in dem Augenblick sonst am meisten von dir unterstützt fühlt. Und am Ende denke ich, dass jeder Mensch seine ganz persönlichen Herausforderungen hat, die es zu meistern gilt. Viele davon haben wir in unserer Kindheit, wenn wir selbst noch lernen müssen, uns in dieser Welt zu orientieren. Wir können noch nicht so richtig überblicken, wie es läuft und haben oft eine ganz andere Wahrnehmung, wie Dinge funktionieren. Für uns ist als Kind noch alles möglich und wir sind noch sehr empfänglich für alles, was von außen kommt. Wir sind extrem feinfühlig für die Emotionen unserer Eltern und können noch nicht unterscheiden, wo wir aufhören und wo die anderen anfangen. Was sind unsere Emotionen und Gedanken und was sind die unserer Eltern? Wir sind am Anfang einfach wie eine Kopiermaschine, wenn wir beginnen uns in der Welt zurecht zu finden. Erst in der Pubertät fangen wir an, alles in Frage zu stellen und das funktioniert meistens so, dass grundsätzlich erst einmal alles Scheiße ist. Egal ob es das ist, was die Lehrer sagen oder unsere Eltern. Aber von außen betrachtet ist es eine enorm wichtige und total spannende sowie unverzichtbare Phase, wenn wir lernen, was zu uns gehört, wer wir eigentlich sind und was wir lieber bei den anderen lassen wollen. Es ist großartig, wenn die Kinder von der Raupe zum Schmetterling werden. In dieser Phase löst sich alles in dem Schmetterling auf und innen drin ist nur noch ein ekeliger Brei, der sich aber dann zu diesem schönen Schmetterling zusammenfügt. Und wusstest du, dass Schmetterlinge ihre eigenen Flügel nicht sehen können? Ist das nicht schade? Wenn wir das übertragen, ist es wie bei uns selbst: Wir können uns nie wirklich unserer eigenen Schönheit bewusst sein. Dazu brauchen wir dringend Menschen, die uns spiegeln. Vor allem in der Pubertät, wo sich einfach alles total widerlich anfühlt und wir gar nicht wissen, ob dieser Zustand mal wieder aufhört und wie wir wieder eine Form annehmen können. Wo alles irgendwie gegen uns gerichtet scheint, weil wir ja selbst mit allem in Widerstand gehen müssen, um festzustellen, wer wir sind und wo unsere Grenzen sind.

Und wenn wir dann endlich der Schmetterling sind, glauben viele von uns gar nicht, dass sie fliegen können. Oftmals bekommen wir von unserem Umfeld gesagt, dass die Dinge, die wir tun wollen, doch gar nichts für uns sind, dass wir sie nicht erreichen können oder dass es keinen Sinn macht, sie erreichen zu wollen, weil es keinen Erfolg verspricht. Und doch macht alles seinen Sinn, auch wenn es von außen betrachtet vielleicht völlig sinnfrei erscheint. Aber ein Schmetterling muss seine Flügel testen. Er muss herausfinden, wie weit ihn seine Flügel tragen, welcher Nektar ihm am besten schmeckt, wie er die Thermik am besten ausnutzt, damit sie ihn trägt.

Für mich war das immer sehr schwierig, weil ich immer ein besonders neugieriger Schmetterling war, der alles probieren und lernen wollte. Immer wenn ich auf einer Blume saß und den Nektar probiert habe, sah eine Blume ganz am anderen Ende der Wiese viel leckerer und verlockender aus. Und schon war ich wieder auf dem Weg und bin es wohl immer noch.

Von außen haben die vielen Ausbildungen vielleicht keinen Sinn gemacht und doch formen sie den ganz persönlichen Patchwork-Teppich meines Lebens. Ich bin damit auf sehr viel Widerstand gestoßen und habe immer das Gefühl gehabt, ich wäre falsch und müsste ganz genau wissen, wo ich hinwill und mich für eine Blume entscheiden. Erst mit der Zeit habe ich gelernt, dass mein Leben einfach nur zu *mir* passen muss und dass es für mich wichtig ist, mich in ganz vielen verschiedenen Facetten kennen zu lernen. Ich bin einfach niemand, der sein Leben lang Freude an einer einzigen Blume hat, auch wenn ich das manchmal gerne so hätte.

Also lassen wir unsere Kinder fliegen und sie an jeder Blume riechen. Lass sie 48 verschiedene Musikinstrumente lernen, bis sie vielleicht ihr eigenes gefunden haben - oder auch nicht. Vielleicht ist das Ergebnis auch einfach eine tiefe Liebe zur Musik. Und selbst wenn wir denken, das Kind müsste sich mal für eine Sache entscheiden: Das tut es ja. Nur eben ständig für etwas anderes auf der Suche danach, wer es ist. Diesen Weg können wir niemandem abnehmen - und das ist auch gut so. Das wäre so, wie wenn du beschließt, einen Berg zu besteigen und auf einmal kommt jemand und setzt dich auf den Gipfel. Natürlich kannst du die schöne Aussicht auch so genießen, aber nur, wenn du unterwegs geschwitzt hast, dich gefragt hast, wer auf die blöde Idee gekommen ist, diese Anstrengung zu unternehmen, umkehren wolltest, es aber doch nicht getan hast, Dich selbst motiviert hast, müde, kaputt und verschwitzt bist - dann hat das Erklimmen des Gipfels seinen wahren Wert für dich. Du hast es ganz alleine geschafft. Vielleicht bist du ein paar Umwege gelaufen, bist umgeknickt, hattest Hunger und Durst, hast dich einsam und verlassen gefühlt, aber am Ende bist du oben - und das ist alles, was zählt.

So ist es für uns auch, wenn wir unsere Erfahrungen machen. Viele davon sind sicher nicht so toll, dass wir sie uns ausgesucht hätten und doch sind die blödesten Erfahrungen oft die größten Geschenke, weil sie das meiste Wachstumspotenzial bieten.

Ich bin nicht in einem reichen Elternhaus aufgewachsen und natürlich hätte ich es auch toll gefunden, ein Auto zum Abitur geschenkt oder einen Urlaub finanziert zu bekommen. Ich habe stattdessen immer nebenbei gearbeitet. Ich habe Babysitting gemacht, Prospekte verteilt, an der Kasse gearbeitet, in Fabriken, Markt- und Meinungsforschung am Telefon gemacht, einen querschnittsgelähmten Mann betreut etc. Dadurch habe ich so viele Fähigkeiten erlernt und Erfahrungen gemacht, dass ich mir sicher sein kann, dass ich, egal in welche Situation ich gerate, immer überleben kann. Wenn meine Welt komplett einstürzt, dann habe ich immer das passende Werkzeug in meiner Werkzeugkiste, um sie wiederaufzubauen. Was ist jetzt wertvoller? Ein Auto vor der Tür oder eine Werkzeugkiste? Ich für meinen Teil bin mehr als glücklich mit meiner Werkzeugkiste und würde sie um nichts in der Welt eintauschen. Für mich kommt es auf das Endergebnis an und mit dem bin ich sehr zufrieden. Und auch deine Kinder, falls du die Ehre hast, einen winzigen Menschen zu seiner wahren Größe zu führen, werden genau dort ankommen, wo sie ankommen sollen. Das liegt in der Natur der Sache. So wie wenn du eine Eichel hast und sie auf den Boden legst. Es wird genau die Eiche rauskommen, die rauskommen soll und kein Apfelbaum. Es ist in der Eichel schon der genaue Plan enthalten und so wird sich auch das Kind entwickeln, egal was du tust. Es sind eben auch nicht immer die schönen Erfahrungen, die uns zu dem Menschen machen, der wir heute sind. Ich habe mich zum Beispiel als Kind immer klein und hässlich gefühlt und so, als ob ich nicht dazu gehöre. Das hat dazu geführt, dass ich nicht wollte, dass sich jemand anders so fühlen muss und ich habe mich in der Grundschule immer um die Außenseiter in der Klasse gekümmert und mich mit den Kindern getroffen, mit denen sonst keiner spielen wollte. Das finde ich jetzt im Nachhinein betrachtet total schön und würde es niemals missen wollen, auch wenn es mir als Kind weh getan hat mich so zu fühlen. Aber aus unseren größten Schmerzen erfahren wir oft unsere größten Stärken. Ich gehe davon aus, dass es das Leben immer gut mit uns meint und alles was passiert uns fördern möchte. Manchmal erkennen wir es nicht sofort, aber so wie ich es gerade beschrieben habe, gibt es nie etwas Schlechtes, was nicht auch etwas Gutes hat, du musst dich nur bemühen, es zu finden. Und so kann es auch sein, dass gerade dadurch, dass du als Eltern einen vermeintlichen Fehler gemacht hast, nicht für deine Kinder da gewesen bist etc. sie zu ihrer eigenen Stärke gefunden haben. Es ist eben nicht so, dass wir dadurch, dass wir vor allem beschützt werden, zu unserer eigenen Stärke finden. Manchmal müssen wir den Weg über unsere Schwäche gehen. Es geht vielleicht auch gar nicht darum, immer alles perfekt zu machen. Das ist wohl eher so, als würdest du dein Kind vor allen Krankheiten schützen wollen und die ganzen Oberflächen, die das Kind berühren könnte, mit Desinfektionsmittel einsprühen und dabei vergisst du, dass sich das Immunsystem deines Kindes ja irgendwie ausbilden muss.

Und das kann es wiederum nur tun, indem du es dem „Feind", also den Viren und Bakterien aussetzt. Und mit je mehr Dreck dein Kind in Berührung kommt, desto stärker wird das Immunsystem. Damit meine ich natürlich nicht, dass du dein Kind schlagen oder misshandeln sollst, aber, dass du es nicht vor allen Einflüssen beschützen solltest, damit das Immunsystem und die Persönlichkeit eine Chance bekommen, sich auszubilden. Und so wie wir ein Immunsystem haben um Viren und Bakterien abzuwehren, so bilden wir sozusagen auch ein emotionales Immunsystem aus, das es uns möglich macht, mit Kritik, Rückschlägen, Ablehnung etc. klar zu kommen. Alle Erfahrungen sind wichtig und wertvoll und machen uns zu dem Menschen, der in unserem Kern angelegt ist.

Wir können davon ausgehen, dass Eltern es immer so gut machen, wie sie können. Manche können es vielleicht besser als andere, aber im Grunde hatte niemand Eltern, die ihre Kinder einfach nur bedingungslos geliebt und sie als die Genies vergöttert haben, die diese perfekten kleinen Wesen eigentlich sind. Und das ist okay. Wir alle sollen ja selbst im Laufe unseres Lebens entdecken, wer wir wirklich sind. Eigentlich wäre es ja schon fast schade, wenn es unsere Eltern uns gleich von Anfang an sagen würden. So als würden sie uns das Ende einer schönen Liebesgeschichte schon gleich zuerst erzählen. Zum Glück wissen unsere Eltern oft selbst nicht, wer sie sind und worum es im Leben eigentlich geht und so können sie uns den Spaß nicht nehmen, es selbst zu entdecken. Das ist natürlich die große Frage und das Geheimnis aller Geheimnisse.

Worum geht es in meinem Leben?
Warum bin ich hier?
Wer bin ich?
Wofür bin ich angetreten?

20. Wie meistere ich den Übergang von sozialen zu individuellen Bedürfnissen?

In der Entwicklung der Menschheitsgeschichte war es natürlich sehr wichtig, dass man gut mit anderen Menschen klar kam, denn sonst konnte man sein eigenes Leben nicht sichern. Nur im Verbund mit anderen konnte man sich durchschlagen. Unser menschliches Leben läuft in Zyklen. Wir sind alle ein Teil der Natur. So wie die Natur die Jahreszeiten durchläuft, gibt es in unserem Leben Zyklen, in denen wir unterschiedliche Dinge lernen. Zuerst sind wir hilflos und müssen lernen, uns auf jemand anderen zu verlassen. Wir sind darauf angewiesen, dass unsere Mutter uns füttert und sauber macht. Wir lernen, auf uns aufmerksam zu machen und durch Schreien Hilfe für unsere Nöte zu holen. Unsere Familie ist unsere erste kleine Gruppe, in der wir funktionieren. Wir lernen schnell, wie wir unsere Mutter zufriedenstellen und gehen darauf ein, um unser Überleben zu sichern. Sie mag es, wenn wir lächeln? Natürlich sind wir dann Mamis kleiner Sonnenschein. Sie kommt erst, wenn wir ganz lange rufen? Dann machen wir das. Wir sind es ja gewöhnt, eins mit unserer Mutter zu sein, denn das war die erste Form, die wir mit ihr erlebt haben: die Einheit. Nur langsam erfahren wir uns dann als eigenständiges Wesen. Wir haben einen eigenen Körper, den wir bewegen können, wie wir möchten. Wir können später krabbeln, wohin wir möchten und uns und unsere Bewegungen steuern. Wir erkunden uns und dann besteht die Welt für uns erstmal aus unserem kleinen eigenen Universum, wo unsere Bedürfnisse alles sind, was zählt. Erst später erkennen wir, dass andere Wesen auch Bedürfnisse haben und lernen im Kindergarten soziale Kompetenzen. Es wird uns wichtig, in der Gruppe anerkannt zu werden. Wir lernen, dass es unterschiedliche Rollen in einer Gruppe gibt. Es gibt Anführer und Außenseiter und je nachdem, welche Rolle wir einnehmen, kann das zu einer schmerzlichen Erfahrung werden. Wir lernen Frustration, Geduld und Mitgefühl und wie das Leben mit Autoritäten funktioniert, um uns dann in der Pubertät wieder als Einzelwesen zu erfahren. Auch das kann wieder ein schmerzlicher Prozess werden. Wir wissen auf einmal nicht mehr, wer wir eigentlich sind und was wir wollen. Der beste Weg, das herauszufinden ist oft, erstmal alles abzulehnen, alles von sich zu stoßen, damit wir hinterher das zurückholen können, was zu uns gehört.

Wir lernen wieder, statt einem WIR ein ICH zu sein. Nur wenn wir diesen Prozess erfolgreich gemeistert haben, was früher in Initiationsriten stattgefunden hat, die wir so um die 14 hatten, können wir uns später wieder auf die nächste kleine Gemeinschaft, unsere erste Liebesbeziehung einlassen. Um die erfolgreich zu meistern, müssen wir unsere eigenen Bedürfnisse allerdings ganz genau kennen und äußern können, genauso wie uns bewusst sein muss, dass der andere Bedürfnisse hat, auf die ich eingehen sollte, wenn die Beziehung funktionieren soll. Unser Leben ist also geprägt von einem Wechsel, in den wir uns am besten mit einem genauen Wissen, wer wir sind und was wir für individuelle Bedürfnisse haben, uns einbringen, weil wir alle auch soziale Wesen sind.

21. Was bedeuten Status und Anerkennung für mich?

Status und Anerkennung sind etwas, worüber sich viele Menschen identifizieren und wonach sie streben. Für die meisten Menschen ist es sehr wichtig, dass sie nach außen hin etwas darstellen. Sie möchten, dass andere über sie denken, sie hätten es geschafft. Es ist sehr wichtig für sie, dass sie ihr neues Auto vorführen können und dafür bewundert werden. Ich möchte jetzt auch gar nicht sagen, dass das etwas Schlechtes ist. Natürlich ist es schön, wenn wir uns schöne Dinge leisten können und auch gut für unsere Leistungen entlohnt werden und das sollten wir auch genießen, wo wir nun schon in dem privilegierten Teil dieser Welt wohnen. Das ist ein echter Glücksfall, denn du kannst, wenn du dich für deine Träume einsetzt, alles erreichen. Aber was sind deine Träume tatsächlich? Wie lange macht dich dein neues Auto, dein Haus, dein Urlaub wirklich innerlich satt? Sind es wirklich die materiellen Dinge, die dein Herz berühren? Sind dein Leben und dein Status am Ende nur etwas, um deine innere Leere zu überspielen? Wenn du die materiellen Dinge in deinem Leben hast, weil du einfach nur richtig viel Spaß an ihnen hast, dann herzlichen Glückwunsch - du hast alles richtig gemacht. Ansonsten möchte ich dich einladen, zu überdenken, was diese Dinge dir geben, was du nicht selbst empfinden kannst. Welche Bedürfnisse symbolisieren diese Dinge für dich? Möchtest du dich dadurch beliebt und begehrt fühlen? Warum meinst du, sollte man ein schönes und einzigartiges Wesen wie du es

bist nicht einfach um seiner selbst willen lieben?
Kannst du für dich erkennen, wie großartig du bist?
Und wenn du es nicht kannst, stell dir einfach vor,
wie du dich wahrnehmen würdest, wenn du es könntest. Wie siehst du dich dann?

Wenn wir lernen, uns selbst für unsere Großartigkeit
zu lieben und wertzuschätzen, brauchen wir keine
Anerkennung mehr von außen. Dann kannst du einfach deinen inneren Reichtum nach außen strahlen
und du bist dir quasi selbst genug und brauchst nur
deine eigene Anerkennung, um glücklich und zufrieden zu sein.

Wenn wir die soziale Anerkennung nur über äußere
Quellen beziehen, wirkt sie sonst wie eine Droge,
nach der wir süchtig werden. Viele Menschen nehmen
dafür so einiges auf sich. Für Anerkennung der sportlichen Leistungen wird manchmal bis zu 40 Stunden
in der Woche trainiert, nur um einmal auf dem
Treppchen zu stehen und bejubelt zu werden oder
auch einfach nur, um für einen schönen und durchtrainierten Körper bewundert zu werden. Manche
Menschen würden nahezu alles dafür tun, Anerkennung zu bekommen: von Operationen über lügen,
Überstunden oder auch eine Selbstaufgabe. Wir passen uns so an, weil wir denken, dadurch geliebt zu
werden, wenn wir genau so sind, wie uns der andere
haben möchte. Manchmal erzwingen Menschen sogar
negative Aufmerksamkeit durch Aggressionen oder
Gewalt, um Anerkennung oder eine gewisse Art von
Zustimmung zu erhalten und als Mensch irgendwie
wahrgenommen und bestätigt zu werden. Ansonsten
fühlen wir uns irgendwann unsichtbar und unser

Dasein scheint irgendwie sinnlos. Das löst in uns einen emotionalen Stress aus, der nicht selten zum Burnout führt. Wo wir vorher begeistert waren und uns so richtig ins Zeug gelegt haben, werden wir auf einmal von Unzufriedenheit und Antriebslosigkeit gelähmt. Daran erkennen wir, was oft der wahre Grund für einen Burnout ist: Nicht, dass wir zu viel Arbeiten, sondern die Kombination von viel Arbeit und dem Gefühl, sich anzustrengen, aber nichts dafür zu bekommen.

Die Ursache dafür liegt in unserem Gehirn, das nach der Ausschüttung von Dopamin lechzt. Einem Botenstoff, der in uns ein Glücksgefühl auslöst und der auch dafür sorgt, dass wir süchtig nach Drogen werden. Unser Motivationssystem wird aber durch nichts anderes so stark aktiviert wie durch das Gefühl, anerkannt zu werden.

Dafür reicht oft schon ein Lob oder ein Lächeln, um in uns körpereigene Opiate und Oxytocin auszuschütten, die unsere Lebensfreude wecken. Ist das nicht irre? Wir können durch ein einfaches Lob oder Lächeln bei unserem Gegenüber schmerzstillende Substanzen erzeugen und ihm ein bisschen Lebensfreude schenken. Wir können für andere sozusagen Medizin sein. Ich finde diesen Gedanken total schön. Und das Schönste ist, dass es eine Kettenreaktion auslöst. Wenn ich jemandem eine Freude gemacht habe, dann ist das ja auch wieder eine Anerkennung für mich. Der andere hat das Gefühl, wahrgenommen worden zu sein und ist glücklich und das macht mich wiederum glücklich. Wir bekommen also ganz direkt wieder etwas zurück. Und je stärker das Signal der Zuneigung, desto mehr Botenstoffe werden freigesetzt. Und wenn es dem anderen gut geht, hat er auch viel mehr Lust, wiederum jemand anderem eine Freude zu machen.

Wenn wir keine sozialen Kontakte haben und eher isoliert leben, dann fehlt das Gefühl der Zugehörigkeit und der Anerkennung und unserem Motivationssystem fehlt der Reiz, wodurch wir unseren Appetit verlieren, krank werden oder vielleicht auch aggressiv gegen uns oder andere. Das erklärt auch ein bisschen, wie das bei Terroranschlägen funktioniert, wie der Psychiater Marc Sageman herausfand. Viele von den Terroristen lebten vorher sozial isoliert, schlossen sich dann einer Gruppe an und waren dort in der Gemeinschaft anerkannt und gaben für diese Gemeinschaft dann sogar ihr Leben.

Das ist natürlich wohl mit Abstand das Extremste, was passieren kann, zeigt aber, wie das mit der Anerkennung funktioniert. Deswegen sollten wir lernen uns selbst und andere anzuerkennen, für das, was sie und wir sind und dadurch sozusagen die Medizin für unsere Umwelt werden.

Hundert Wege zu mehr Anerkennung:

1. Es ist wichtig, sich selbst wieder komplett wahrzunehmen. Setz dich dazu auf einen Stuhl und spüre dich. Nimm wahr, wie du auf dem Stuhl sitzt. Ist das Gewicht gleichmäßig auf beiden Füßen verteilt oder bist du irgendwie im Ungleichgewicht? Hast du die Beine übereinandergeschlagen? Spannst du deine Schultern an, während du sitzt? Wie fließt dein Atem?

2. Jetzt fange an, dich innerlich für die vielen Dinge anzuerkennen, die du in deinem Leben schon gemeistert hast und lobe dich dafür. Es gibt so viel, auf das du stolz sein kannst. Beschreibe dir innerlich ganz genau, was du getan hast und lass dieses Gefühl innerlich ganz groß werden.

3. Überlege dir, was du besonders gut kannst und lobe dich auch dafür.

4. Stelle dir einen liebevollen Begleiter vor, der dir gut zuspricht. Er ist von nun an immer bei dir und spricht dir gut zu. Er macht dir Mut, wenn du an dir selbst zweifelst und weist deinen inneren Kritiker zurecht, wenn dieser dich klein machen will.

5. Tue dir selbst etwas Gutes wie gesundes Essen, ein Treffen mit Freunden, ein Spaziergang an der Sonne etc.

6. Pflege den Kontakt mit Menschen, die dir guttun und dich in dem unterstützen, was du dir wünschst.

7. Tue anderen Menschen Gutes und lobe sie intensiv. Beschreibe ihnen ganz genau, was du wahrgenommen hast und was genau du daran besonders toll gefunden hast, wofür du genau dankbar bist etc. Dadurch bringst du andere Menschen dazu, dass sie über sich selbst hinauswachsen können.

22. Was genau ist eigentlich Erfolg?

Was ist für dich Erfolg und woran machst du diesen Erfolg fest?

Sind es materielle Dinge oder solche Dinge wie eine schöne Beziehung, glückliche Kinder oder einfach nur den nächsten Tag bei der Arbeit zu überstehen?

Wir sehen, Erfolg kann für jeden Menschen etwas ganz anderes sein. Irgendwie hat es aber stets damit zu tun, dass wir die von uns gesteckten Ziele erreichen. Dabei müssen wir oft unsere Komfortzone verlassen, Herausforderungen meistern und unseren Ängsten ins Auge schauen. Und genau, wenn wir das getan haben, dann sind wir besonders stolz auf uns. Wir spüren in solchen Situationen, dass wir lebendig sind, dass wir etwas leisten können und wir in irgendeiner Form besonders sind und Durchhaltevermögen bewiesen haben.

Zusammengefasst ist Erfolg, wenn wir jeden Morgen glücklich aufwachen in dem Wissen, dass wir genau dort sind, wo wir immer sein wollten, als Mensch so sind, wie wir immer sein wollten und das tun, was wir immer tun wollten.

Dazu ist es wichtig, dass es in allen Lebensbereichen passt.

Du kannst mal schauen, ob bei dir alle Bereiche ausgeglichen sind, indem du jeweils für alle Bereiche den entsprechenden Wert in dem nachstehenden Rad markierst. So hast du einen guten Überblick darüber, wo du gerade stehst und in welchem Bereich du noch Optimierungsbedarf hast.

Falls du ein sehr unausgeglichenes Rad hast, wirst du insgesamt nicht optimal voran kommen, denn dann fühlt es sich in deinem Leben so an, als hättest du einen supertollen Porsche, dessen Reifen aber eiern. Du kannst dir vorstellen, dass du damit deine PS nicht wirklich auf die Straße bekommst.

Lebensrad

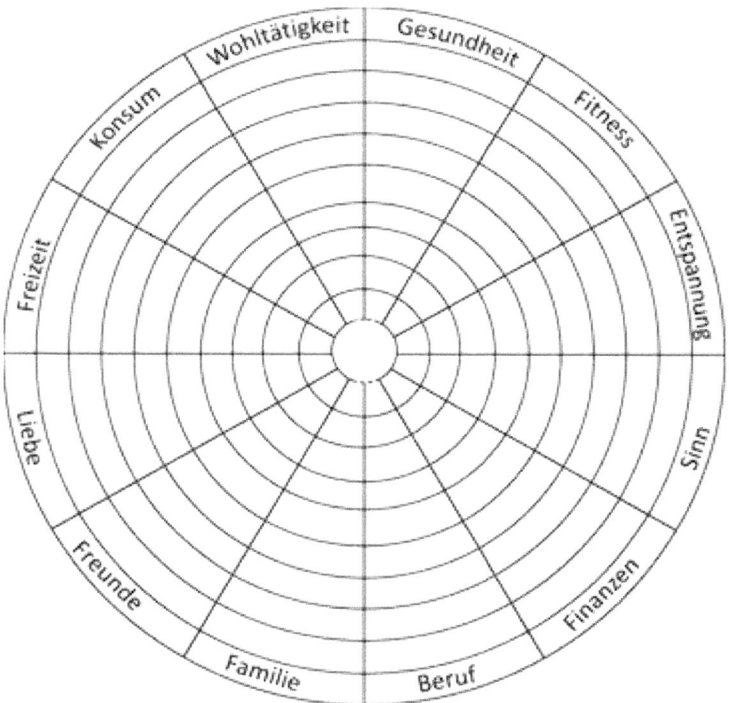

Als nächsten Schritt nimmst du dir ein bisschen Zeit und schreibst in allen Bereichen auf, wie der Bereich aussehen würde, wenn er für dich optimal wäre. Du kannst auch ein bisschen spielen und dir die Wunderfrage stellen. Dabei stellst du dir vor, über Nacht wäre eine gute Fee gekommen und hätte ein Wunder bewirkt. Als du aufwachst, ist deine Welt zu deinem persönlichen Paradies geworden.

Wie genau sieht deine Welt jetzt aus?

Wie fühlst du dich und was genau machst du?

Du darfst ruhig etwas übertreiben und es ein bisschen wie im Märchen klingen lassen. Erinnere dich: Wir reden von deinem persönlichen Optimum, nicht davon, wie es "ganz schön" wäre, sondern von dem geilsten Leben, dass du dir vorstellen kannst. Da musst du schon ein bisschen über einem Durchschnitts-Otto- Normalverbraucher-Leben liegen.

Jetzt kommen wir zur Umsetzung.

Mache zu jedem Punkt einen groben Fahrplan, was es braucht, um das Optimum zu erreichen.

Was kannst du von diesen Punkten als kleinen Schritt jeden Tag tun?

Kannst du vielleicht im Bereich Ernährung umsetzen, zwei Liter Wasser pro Tag zu trinken und 30 % deiner Nahrung in Form von Rohkost zu dir zu nehmen?

Kannst du jeden Tag zehn Euro sparen?

Kannst du jeden Tag 25 Minuten etwas für deine Karriere tun, indem du zum Beispiel drei Seiten eines Buches schreibst, was du schon immer schreiben wolltest, dich informieren, wie du einen YouTube-Kanal einrichtest, dich für ein Fernstudium einschreiben und jeden Tag 25 Minuten etwas dafür tun?

Kannst du, wenn du die große Liebe suchst, dafür sorgen, dass du dich selbst schön findest und vorher deine Haare bürsten, bis sie glänzen, immer Kleidung tragen, in der du dich wohl fühlst, bevor du aus dem Haus gehst?

Kannst du dir jeden Tag 25 Minuten Paradieszeit für dich nehmen und das tun, was dir guttut? Vielleicht einen kurzen Spaziergang vor der Arbeit machen, eine Gesichtsmaske auftragen in der Mittagspause, zehn Minuten meditieren, Tagebuch schreiben oder dein Lieblingsessen ganz bewusst essen?

Kannst du auf dem Weg zur Arbeit einen Podcast hören, der dich inspiriert und dich voranbringt?

Wie du siehst, sind gar nicht so viel Zeit und Mühe nötig, um voranzukommen mit dem, was du dir von Herzen wünschst. Jeden Tag ein paar Minuten und ein kleines bisschen Energie investieren und schon stehst du in einem Jahr ganz woanders als in diesem Augenblick. Du kannst ein völlig neuer Mensch sein mit einem komplett anderen Leben, aber du musst beginnen. Am besten jetzt sofort. Nimm dein Leben in die Hand. Nur du kannst es ändern. Niemand anders kann dir helfen. Die Entscheidung liegt ganz bei dir. Mach es, denn sonst wirst du dich in ein paar Jahren ärgern, dass du die kleinen Schritte nie unternommen hast und immer nur davon geträumt hast, wie es sein könnte. Fange jetzt an deinen Traum zu leben, anstatt andere für ihr Leben zu beneiden. Du kannst das auch! Du kannst genauso ein schönes Leben haben, wie du es dir ausmalst. Also, beweg deinen süßen Hintern und beginne JETZT.

23. Selbstliebe - der magische Schlüssel zum Paradies?

Als ich mich selbst zu lieben begann
Als ich mich selbst zu lieben begann,
habe ich verstanden, dass ich immer und bei jeder Gelegenheit,
zur richtigen Zeit am richtigen Ort bin
und dass alles, was geschieht, richtig ist –
von da an konnte ich ruhig sein.
Heute weiß ich: Das nennt man **VERTRAUEN**.

Als ich mich selbst zu lieben begann,
konnte ich erkennen, dass emotionaler Schmerz und Leid
nur Warnungen für mich sind, gegen meine eigene
Wahrheit zu leben.
Heute weiß ich: Das nennt man **AUTHENTISCH SEIN**.

Als ich mich selbst zu lieben begann,
habe ich aufgehört, mich nach einem anderen Leben zu sehnen
und konnte sehen, dass alles um mich herum eine Aufforderung zum Wachsen war.
Heute weiß ich, das nennt man „**REIFE**".

Als ich mich selbst zu lieben begann,

habe ich aufgehört, mich meiner freien Zeit zu berauben,

und ich habe aufgehört, weiter grandiose Projekte für die

Zukunft zu entwerfen.

Heute mache ich nur das, was mir Spaß und Freude

macht,

was ich liebe und was mein Herz zum Lachen bringt,

auf meine eigene Art und Weise und in meinem Tempo.

Heute weiß ich, das nennt man **EHRLICHKEIT**.

Als ich mich selbst zu lieben begann,

habe ich mich von allem befreit, was nicht gesund für

mich war,

von Speisen, Menschen, Dingen, Situationen

und von Allem, das mich immer wieder hinunterzog,

weg von mir selbst.

Anfangs nannte ich das „Gesunden Egoismus",

aber heute weiß ich, das ist **„SELBSTLIEBE"**.

Als ich mich selbst zu lieben begann,

habe ich aufgehört, immer recht haben zu wollen,

so habe ich mich weniger geirrt.

Heute habe ich erkannt: das nennt man **DEMUT**.

Als ich mich selbst zu lieben begann,

habe ich mich geweigert, weiter in der Vergangenheit zu

leben
und mich um meine Zukunft zu sorgen.
Jetzt lebe ich nur noch in diesem Augenblick, wo AL-
LES stattfindet,
so lebe ich heute jeden Tag und nenne
es **„BEWUSSTHEIT"**.

Als ich mich zu lieben begann,
da erkannte ich, dass mich mein Denken
armselig und krank machen kann.
Als ich jedoch meine Herzenskräfte anforderte,
bekam der Verstand einen wichtigen Partner.
Diese Verbindung nenne ich heu-
te **„HERZENSWEISHEIT"**.

Wir brauchen uns nicht weiter vor Auseinandersetzun-
gen,
Konflikten und Problemen mit uns selbst und anderen
fürchten,
denn sogar Sterne knallen manchmal aufeinander
und es entstehen neue Welten.
Heute weiß ich: **DAS IST DAS LEBEN!**

*Quelle: "When I loved myself enough" von Kim McMil-
len*

Vor ein paar Monaten habe ich das Thema Selbstliebe als eines der zentralen Lebensthemen für mich entdeckt und gemerkt, dass es buchstäblich der Schlüssel zum Paradies ist. Eigentlich leben wir alle schon im Paradies, haben es aber vergessen und uns selbst ausgesperrt. Ausgesperrt, weil wir die Ansichten von unserer Umwelt und unseren Eltern über uns und das Leben übernommen haben. Wir haben ihnen geglaubt, wenn sie sagten, das Leben sei hart aber ungerecht, wenn sie schlecht über uns geredet haben und uns das Gefühl gegeben haben, wir wären nicht gut genug, schlau genug, schnell genug oder was auch immer. Als Kind fehlte uns noch der Filter und wir haben wie ein Schwamm all diese Urteile in uns aufgesaugt, ohne sie auch nur eine Sekunde zu hinterfragen und haben daraus unser eigenes Weltbild zusammengesetzt. In diesem Weltbild sind die anderen immer intelligenter, schlagfertiger, hübscher und liebenswerter. Wir haben selbst vergessen, was wir für großartige, zauberhafte und einzigartige Wesen sind vor lauter Vorurteilen uns selbst gegenüber. Wenn wir in den Spiegel schauen, können wir unsere eigene Großartigkeit leider gar nicht mehr wahrnehmen und wir sehen immer nur die Anteile von uns, die wir nicht mögen. Wir sehen den kleinen Pickel auf der Nase, anstatt das Strahlen in unseren Augen wahrzunehmen. Wir sehen die Haarsträhne, die mal wieder nicht so liegen will, wie wir das gerne hätten, anstatt unsere schönen Wimpern. Unsere Wahrnehmung geht fast immer darauf, was wir nicht gerne an uns mögen und es ist uns schon fast peinlich, mal positive Dinge über uns zu sagen, weil wir gelernt haben, dass

Eigenlob stinkt. Wir dürfen uns sozusagen selbst keine Komplimente machen. Wir sind auch von außen eher empfänglich für Kritik als für Komplimente. Und wenn wir uns bewusst zuhören würden, wie wir manchmal mit uns selbst reden, dann würden wir feststellen, dass wenn wir so mit einem Freund von uns reden würden, dieser uns schon lange die rote Karte gezeigt hätte und sich für immer aus unserem Leben verabschiedet hätte.

Niemand anderem würden wir es erlauben, dass er so mit uns redet, aber wir erlauben es uns, so über uns selbst zu reden.

Aber wie kommt es eigentlich dazu, dass wir uns so verhalten und uns selbst klein machen? Wie wir gesehen haben, ist es ein wichtiger Faktor, dass wir dazugehören wollen. Wir möchten alle unter der Kurve der gaußschen Normalverteilung mit all den anderen hocken, weil wir Angst davor haben, allein und ausgeschlossen zu sein. Im Prinzip ist es ein totales Paradox. Wir entziehen uns selbst die Liebe und Anerkennung von dem, was in uns ist, um es von außen zu bekommen. Wir haben Angst davor, Außenseiter zu sein. Angst davor, viel größer zu sein als die anderen, aufzufallen oder ausgegrenzt zu werden, so dass wir uns lieber klein machen, ducken und Teile von uns ignorieren. Wir machen lieber das, was alle anderen machen, anstatt zu fragen: Wer bin ich eigentlich? Was wünsche ich mir und wofür bin ich da? Was sind meine Fähigkeiten und was kann ich so besonders gut? Wir fragen uns viel zu selten, was uns besonders macht und von den anderen unterscheidet, weil wir lieber in der grauen Masse mitschwimmen und dazugehören wollen. Es könnte ja sein, dass wir keine Unterstützung mehr bekommen, es zum Liebesentzug kommt, wenn wir nicht mehr mitmachen unerkannt und formlos zu sein. Es ist das Schlimmste für uns als Kind, wenn wir Außenseiter sind und wir kämpfen um jeden Preis darum, mitmachen zu dürfen und von der Gruppe anerkannt zu werden und verleugnen uns dafür selbst und lehnen die Anteile ab, die uns so außergewöhnlich und besonders machen. Und an dieser Stelle kommt die Selbstliebe ins Spiel, die all diese Anteile liebevoll annehmen und integrieren kann.

Eine interessante Frage in diesem Zusammenhang ist natürlich auch, was Liebe überhaupt ist.

Eine sehr alte Definition von Liebe steht in der Bibel im 1. Korinther 13.

1 Wenn ich in den Sprachen der Menschen und Engel redete, hätte aber die Liebe nicht, wäre ich dröhnendes Erz oder eine lärmende Pauke.

2 Und wenn ich prophetisch reden könnte und alle Geheimnisse wüsste und alle Erkenntnis hätte; wenn ich alle Glaubenskraft besäße und Berge damit versetzen könnte, hätte aber die Liebe nicht, wäre ich nichts.

3 Und wenn ich meine ganze Habe verschenkte und wenn ich meinen Leib opferte, um mich zu rühmen, hätte aber die Liebe nicht, nützte es mir nichts.

4 Die Liebe ist langmütig, die Liebe ist gütig. Sie ereifert sich nicht, sie prahlt nicht, sie bläht sich nicht auf.

<u>5</u> Sie handelt nicht ungehörig, sucht nicht ihren Vorteil, lässt sich nicht zum Zorn reizen, trägt das Böse nicht nach.

<u>6</u> Sie freut sich nicht über das Unrecht, sondern freut sich an der Wahrheit.

<u>7</u> Sie erträgt alles, glaubt alles, hofft alles, hält allem stand.

<u>8</u> Die Liebe hört niemals auf. Prophetisches Reden hat ein Ende, Zungenrede verstummt, Erkenntnis vergeht.

<u>9</u> Denn Stückwerk ist unser Erkennen, Stückwerk unser prophetisches Reden.

<u>10</u> Wenn aber das Vollendete kommt, vergeht alles Stückwerk.

<u>11</u> Als ich ein Kind war, redete ich wie ein Kind, dachte wie ein Kind und urteilte wie ein Kind. Als ich ein Mann wurde, legte ich ab, was Kind an mir war.

<u>12</u> Jetzt schauen wir in einen Spiegel und sehen nur rätselhafte Umrisse, dann aber schauen wir von Angesicht zu Angesicht. Jetzt ist mein Erkennen Stückwerk, dann aber werde ich durch und durch erkennen, so wie ich auch durch und durch erkannt worden bin.

<u>13</u> Für jetzt bleiben Glaube, Hoffnung, Liebe, diese drei; doch am größten unter ihnen ist die Liebe.

Ich fand für mich immer, dass die Bibel nur aus diesen paar Sätzen bestehen müsste und es wäre schon alles gesagt. Wenn alle Menschen mit dieser bedingungslosen Liebe im Herzen leben und danach handeln würden, dann wäre die Erde wieder ein Paradies. Es gäbe keinen Krieg, keinen Neid, keinen Hass und alle Menschen würden friedlich zusammenleben, sich gegenseitig helfen und unterstützen. Es gäbe keine Ausbeutung und niemanden, der seinen eigenen Vorteil suchen und andere benachteiligen wollen würde.

Aber Fakt ist, dass wir es nicht einmal schaffen, uns selbst bedingungslos zu lieben, geschweige denn unsere Mitmenschen.

Was ist der Grund dafür?

Warum fällt uns das so schwer?

Ich denke, der Grund dafür ist einfach die Bewertung durch uns, unserer Mitmenschen und der Dinge insgesamt.

Ich habe mal ein ganz interessantes Seminar von Karl Grunick (einem Lehrer mit circa 25 Jahren Kampfkunsterfahrung) besucht, in dem es um Körperintelligenz ging. Eigentlich eine Kampfkunst, in der man unter anderem lernt, komplett entspannt zu bleiben und aus dem Widerstand heraus- zugehen und dadurch unangreifbar zu werden. Das klingt jetzt sehr abstrakt, aber ich will hier eine der Übungen beschreiben, die wir gemacht haben, um einen kleinen Einblick zu geben, worauf es ankommt.

Wir sitzen in Dreigruppen auf dem Boden und testen die Reaktion von verschiedenen Gedanken auf das Muskelsystem, ähnlich wie wir es aus unserer Übung mit dem Körperpendel kennen, nur diesmal als etwas andere Partnerübung. Einer ist die Testperson, eine weitere denkt verschiedene Dinge, während der andere durch Druck auf das Brustbein die Stärke der Widerstandskraft der zu testenden Person prüft.

Zuerst wird mit Druck auf das Brustbein getestet, wie die Kraft in einer neutralen Situation ist.

Der erste Versuch findet mit negativen Gedanken statt. Wir denken über die Testperson also Dinge wie: „Wie blöd der heute aussieht. Er hätte sich mal die Haare kämmen sollen. In was für Klamotten der rumläuft. Die passen ja überhaupt nicht zusammen. Und unsympathisch ist er auch noch."

Wieder wird die Kraft bei Druck auf das Brustbein getestet und es wird uns nicht überraschen, sofern wir mit Muskeltests vertraut sind, dass diese negativen Gedanken das System der Versuchsperson schwächen und man sie leichter nach hinten drücken kann als bei dem Test in der neutralen Situation.

Jetzt kommt Runde zwei, in der der Testperson ganz viel Licht und Liebe geschickt wird, wie es esoterisch angehauchte Personen gerne machen und damit natürlich eine positive Absicht verbinden. Aber was passiert? Die Testperson reagiert ebenfalls mit Schwäche! Ist das nicht erstaunlich? Obwohl wir eigentlich eine positive Absicht haben, wird das System geschwächt. Karl Grunick hat es so erklärt, dass wir ja, wenn wir meinen, Licht und Liebe schicken zu müssen, die Testperson ein Defizit haben muss. Einen Mangel, der ausgeglichen werden muss.

Und weißt du, was das einzige ist, was die Testperson gestärkt hat?

Wenn wir sie einfach neutral betrachten. Wenn sie einfach so sein darf, wie sie ist. Wenn alles in Ordnung ist, wie es ist. Ganz neutral ohne irgendeine Bewertung oder Absicht.

Und ist es nicht das, was (bedingungslose) Liebe wirklich ist? Der andere darf einfach so sein, wie er ist. Alles ist in Ordnung. Es muss nichts geändert oder bewertet werden. Es IST einfach.

Wir stehen an dem Nullpunkt zwischen positiv und negativ, in der Mitte der Dualität.

Wir sind es so gewöhnt, alles schnell entweder auf die eine Seite in die positive oder negative Schublade zu stecken, dass es schon ganz automatisch passiert. Wir können Dinge nicht mehr einfach so sein lassen, wie sie sind. Es kommt immer automatisch ein Urteil. Wir haben die Dualität so aufgesogen, dass sie unsere Natur geworden ist. Wir glauben, wenn wir immer positiv denken, dann wird unser Leben auch positiv. Da die Natur aber gleichzeitig immer nach Ausgleich sucht, werden wir nach diesen ganzen positiven Dingen in einem riesen Haufen Mist sitzen. Wir haben das Pendel so sehr auf die positive Seite geholt, dass es nun mit voller Wucht ins Negative ausschlagen muss. Was ist also der Trick?

Von vornherein genau auf dem neutralen Nullpunkt zu bleiben. Die Dinge einfach neutral anzuschauen, als das, was sie sind. Weder gut noch schlecht.

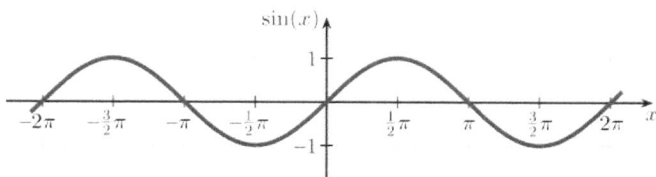

Bildquelle: Wikipedia

Es ist wie in dem Symbol von Yin und Yang, welches ja auch die Dualität beschreibt.

Wir können es uns so vorstellen, als ob die Liebe ein neutraler Punkt in der Mitte ist.

Ich denke mittlerweile, dass es genau das ist, was Liebe wirklich ist. Jemanden neutral zu sehen, ohne Bewertung. In der Mitte bleiben und ihn einfach mit seinem Schatten und seinem Licht gleichermaßen wahrzunehmen und nicht ändern zu wollen. Ein Anerkennen, von dem, was ist, anstatt die Person ändern zu wollen, sie anzugleichen und passend zu machen. Ein „So-Lassen- Können" statt ein „Besitzen-Wollen". Wenn wir da hinkommen können, dann wäre das Drama auf der Erde wohl schon wesentlich reduziert. Wie viele Beziehungen gehen kaputt, weil der Partner nicht unsere Erwartungen erfüllt? Weil er doch eigentlich wissen muss, dass man die Socken wegräumt und man das leere Glas nicht *auf*, sondern *in* den Geschirrspüler stellt. Ich würde gerne mal wissen, wie viele Beziehungen dieser Welt eigentlich an rumliegenden Socken scheitern.

Aber zurück zu unserer Selbstliebe. Alles fängt natürlich bei uns selbst an. Sollte es irgendwann einmal zum Weltfrieden kommen, dann sicherlich erst, wenn wir Menschen Frieden mit uns selbst geschlossen haben und uns selbst so annehmen können, wie wir sind.

Es gilt praktisch nur, einen liebevollen Blick für uns selbst zu erlernen. Uns selbst als das zu erkennen, was wir sind. Ein wunderschönes Wesen, welches genau zur richtigen Zeit am richtigen Ort ist. Ein Wesen, das nichts werden oder erreichen muss, um perfekt zu sein, sonders das schon perfekt und wundervoll ist. Wir müssen also nur unsere Wahrnehmung und unseren Blickwinkel auf uns selbst verändern und schon verändert sich unsere Welt.

Ohne Selbstliebe ist es so, als würden wir ständig mit emotionalem Hunger durch die Gegend laufen. Wir versuchen diesen Hunger immer wieder mit allem Möglichen zu stillen. Da wir ja wissen, dass Essen gegen Hunger hilft, versuchen wir es damit, merken aber schnell, dass der Hunger bleibt, egal wie viel wir essen. Wir versuchen, den Hunger mit materiellen Dingen zu stillen, indem wir alle möglichen Sachen kaufen, aber auch das ist nicht des Rätsels Lösung. Wir versuchen es weiter mit Alkohol und Drogen, was uns auch gut von uns selbst ablenkt und schädigt, aber auch so kommen wir nicht ans Ziel. Irgendwie merken wir vielleicht, dass sich der emotionale Hunger auch mit Emotionen stillen lässt. Wir arbeiten mehr, um schließlich über Erfolg und Anerkennung endlich satt zu werden und fühlen uns auch kurz befriedigt und denken, jetzt seien wir endlich angekommen. Wir arbeiten und schuften, damit der Chef uns wieder einmal lobt. Wir wissen aus der Geschäftswelt, dass für einen Mitarbeiter ein Lob viel mehr wert ist als eine Gehaltserhöhung. Wir sind da im Grunde alle noch wie kleine Kinder, die um die Liebe und Aufmerksamkeit unserer Eltern betteln. Wir wollen auch von unseren Chefs oder, wenn wir selbstständig sind, von unseren Kunden wahrgenommen werden. Immer geht es um den Erfolg, der aber auch unsere innere Leere nicht füllen kann. Wir verfolgen die nächst Fährte. Die Liebe ist ja nun die größte Kraft im Universum und wir versuchen hier unser Glück. Wir suchen uns jemanden, der den Hunger stillen kann. Einen Menschen, der uns so akzeptiert, wie wir sind. Jemand, der uns versteht, uns so annimmt mit all unseren Fehlern und bei dem wir einfach wir selbst sein dürfen. Dieses Gefühl genießen wir, wäre da nicht immer die nagende Angst davor, diesen Menschen wieder zu verlieren. Die Angst, er könnte jemand anderen noch viel toller finden als uns. Die Angst, doch nicht zu genügen. Aber vielleicht können wir ihn ja ganz schnell für immer an uns binden und ihn heiraten, bevor er merkt, dass wir eigentlich gar nicht so perfekt sind, wie der andere in seiner Verliebtheit denkt. Aber auch dann sitzen wir immer noch ein bisschen auf einem Pulverfass. Irgendwann könnte es vorbei sein und unsere Nabelschnur zur Liebe wäre wieder gekappt. Und ob wir uns dann jemals nochmal für die Liebe öffnen können, das ist fraglich. Wir wurden schließlich so verletzt und es könnte wieder passieren. Unser Wohlbefinden ist also auf Gedeih und Verderb der Willkür eines anderen Menschen ausgeliefert. Wenn er uns verlässt, dann ist es vorbei mit der Liebe und der emotionalen Ausgeglichenheit. Meinst du tatsächlich, dass das so gewollt ist, dass wir jemanden dazu brauchen, der uns glücklich macht? Ich denke nicht. Ich denke, es geht darum, im Laufe unseres Lebens all die Lügen aufzudecken, die uns andere und wir selbst uns immer wieder erzählt haben, was wir für ein unvollkommener Mensch seien. Wir sollten unsere Großartigkeit wieder neu entdecken. Wenn uns wieder bewusst wird, dass der größte Schatz dieser Erde in uns liegt und nur darauf wartet geborgen zu werden, dann werden wir wohl zum zweiten Mal geboren. Dann werden wir endlich zu dem Menschen, der wir immer sein wollten bzw. eigentlich schon immer waren, uns aber nicht getraut haben zu sein, weil uns unsere Angst abgehalten hat. Unsere Angst, nicht gut genug zu sein, ausgelacht zu werden, es falsch zu machen etc. Und Angst ist das Gegenteil von Liebe. Sobald wir unsere Angst durch Liebe ersetzen, kann uns im Leben schon gar nichts mehr passieren. Wir sind völlig unabhängig von der Meinung anderer und ihren Vorstellungen. Wir brauchen weder Mitgefühl, Dank noch Anerkennung. Und wir sorgen immer gut für uns selbst, denn wenn wir uns selbst bedingungslos lieben, dann achten wir auch darauf, dass unser Körper genug Schlaf, Bewegung und gute Nahrung bekommt sowie ausreichend Pausen, frische Luft und Dinge, die uns wirklich Spaß machen. Dann ist es dir nicht genug, einfach nur einen Job zu machen, um Geld zu verdienen. Dann weißt du, dass alles, was du machst, wofür dein Herz aber nicht brennt, einfach nur Zeitverschwendung ist. Du hast viel mehr zu geben als Mittelmäßigkeit. Du bist einzigartig und bist es wert, Dinge zu tun, die du liebst, anstatt Frondienste für einen Hungerlohn zu leisten. Du bist großartig und kannst großartige Dinge tun. Sei authentisch und stehe für dich ein. Es lohnt sich nicht, das Leben zu leben, was andere von dir erwarten. Sei authentisch und lebe DEIN Leben. Dieses Leben muss zu niemand anders passen außer zu dir selbst. Zeig dich der Welt, wie du wirklich bist. Ohne Maske, ohne Fesseln und du wirst erstaunt sein, welche Kräfte das in dir freizusetzen vermag. Zeig dich wild und unbefangen wie ein Kind, das noch voller Hunger auf das Leben ist. Wann hast du diesen Hunger verloren? Wann bist du zu dem verklemmten und sicherheitsbedürftigen Erwachsenen geworden, der du heute bist? Wann hast du aufgehört, das Leben zu feiern, zu tanzen, zu lachen und zu singen? Wann hast du dir deine Flügel stutzen lassen? Wann bist du vom stolzen Adler zum schnatternden Huhn geworden? Was hat dich deine Großartigkeit und Macht vergessen lassen? Was ist mit dir passiert? Und was noch viel wichtiger ist: Was kannst du jetzt tun, damit du wieder zu diesem wundervollen, großen und voller Energie strotzenden Wesen wirst, das du eigentlich bist?

Hundert Wege zur Selbstliebe

1. Tue Dinge wieder zum ersten Mal und probiere Sachen, die du immer schon mal ausprobieren wolltest.

2. Verlasse dabei deine Komfortzone, um deine eigenen Grenzen zu verschieben.

3. Zeig dich in deiner vollkommenen Größe und deiner Verletzlichkeit, denn dadurch wirst du unbesiegbar. Und auch wenn du am Anfang vielleicht ein seltsames Gefühl dabei hast und du Angst hast, so wirst du merken, dass eben dadurch, dass du dich einfach so zeigst, wie du bist, du diese Verletzlichkeit aufgibst.

4. Gib die Bewertung über dich auf. Sie existiert nur in deinem Kopf. Nur in deiner eigenen Welt bist du so wie du bist. Frag jemand anderen und dem fällt gar nicht auf, dass du zwei Kilo zu viel auf den Hüften hast, eine winzige Zahnlücke hast oder deine Haare heute mal wieder nicht liegen. Nur du siehst dich durch das Brennglas dieser Bewertung und machst die Dinge groß. Wir sind nur unglücklich, weil wir denken, wir wären lieber jemand anders und woanders. Hör auf, dir

diese Geschichten zu erzählen und dir damit das Leben schwer zu machen und richte deinen Fokus lieber darauf, was du wirklich möchtest. Mach dir bewusst, dass genau hier und jetzt der perfekte Ort ist, wo du alles tun kannst, was du tun möchtest.

5. Verbanne die destruktiven Gedanken aus deinem Kopf, denn sie entsprechen nicht der Wahrheit.

6. Wie fühlt sich hingegen der Gedanke an: „Ich bin gut, so wie ich   bin." Nimm dir bewusst ein paar Minuten Zeit, schließe deine Augen und sage diesen Satz bei jedem Einatmen leise zu dir selbst und schau, wie sich das in deinem Körper anfühlt und was es verändert.

7. Nimm dir jeden Abend vor dem Schlafengehen die Zeit, mindestens fünf Dinge zu notieren, für die du dankbar bist. So lenkst du deinen Fokus auf die Dinge, die bereits gut laufen und dein Unterbewusstsein wird noch mehr davon erschaffen.

8. Notiere, was du selbst an dir magst und worauf du stolz bist. Frage auch andere, was sie an dir besonders schätzen.

9. Mache dir klar, wer und was dir wirklich von Herzen guttut und ziehe deine Konsequenzen daraus. Wenn du merkst, dass dir Menschen eher Energie rauben als dich zu bereichern, dann verabschiede dich von ihnen. Baue jeden Tag Dinge in deinen Tagesablauf ein, die dir guttun.

10. Nimm dir bewusst Zeit zum Essen, für deine Hobbys, deinen Körper zu bewegen, Freundschaften, Pausen.

11. Du sagst, du hast keine Zeit dafür? Dann reduziere deine Ablenkungen wie Facebook, WhatsApp, PC, Fernsehen und investiere diese nutzlose Zeit, indem du sie in dich selbst investierst.

12. Tue anderen Gutes, denn es kehrt zu dir selbst zurück.

13. Gönne dir qualitativ hochwertige Dinge in Bezug auf Essen und kleide dich immer nur so, dass du dich wirklich wohl darin fühlst.

14. Selbstliebe hilft dir, den Weg in die Fülle zu finden. Genieße sie!

24. Meisterst du mit mir den Übergang von individuellen Bedürfnissen zur Selbstverwirklichung?

Nur wenn wir uns selbst kennen und wissen, was wir wollen, können wir uns selbst verwirklichen. Vom Grundprinzip ist das sehr einfach und leicht nachzuvollziehen. Allerdings wissen wir oft einfach gar nicht so genau, was wir selbst wollen, weil wir so geprägt sind von unseren Eltern, Lehrern, der Gesellschaft, der Werbung und allen möglichen anderen Dingen, dass wir gar nicht mehr wissen, was uns ausmacht und was für uns wichtig ist. Wir sind es so gewohnt, die Erwartungen von anderen zu erfüllen und zu wollen, was alle wollen, dass wir unser Gefühl für uns selbst verloren haben. Darum geht es aber bei der Selbstverwirklichung: Die zarte Stimme in uns selbst wieder wahrzunehmen, die uns zuflüstert, was in unserem Herzen ist und was uns wirklich von innen heraus glücklich macht. Bei den meisten Menschen sind das eben nicht die materiellen Dinge, die uns umgeben. Oft ist es auch nicht unser Beruf, sondern eben die Dinge, die unser wahres Selbst ausdrücken. Da wir dieser Stimme nur selten die Chance geben, zu uns zu sprechen, kann es ein sehr langer Prozess sein, bis wir das tun, was uns tatsächlich erfüllt.

In unserer Welt ist es einfach zu laut geworden. Wir sind ständig umgeben von allen möglichen Ablenkungen wie Computer, Radio, Fernsehen etc. Und oft nutzen wir diese Medien auch, um uns bewusst von uns abzulenken. Vielen ist klar, dass sie nicht das Leben führen, was sie immer führen wollten, sondern das Leben, das sie der Meinung anderer nach führen sollten. Und wenn wir spüren, dass etwas nicht stimmt, tun wir oft so, als hätten wir die Stimme nicht gehört und drehen einfach die Musik noch ein bisschen lauter. Aber irgendwann verschafft sich diese Stimme dann doch Gehör - manchmal aber auf eine unschöne Weise wie zum Beispiel bei einem Burnout, weil es auf Dauer einfach zu anstrengend ist, immer gegen uns zu kämpfen. Dann fällt manchmal unsere komplette Welt wie ein Kartenhaus in sich zusammen, damit wir sie nochmal neu aufbauen können. Nicht umsonst haben so viele eine Midlife-Crisis, weil der Ruf von innen dann auf einmal doch zu laut wird und unser Herz so laut schreit, dass keine Ablenkung der Welt sie mehr übertönen kann.

25. Wie bringst du dein inneres Kind zum Lachen?

Ein Teil von uns ist immer noch Kind. Dieser Teil lebt unser gesamtes Leben in uns und begleitet uns. Es ist im Prinzip ein Symbol für all unsere Gefühle, die wir als Kind erlebt haben, die noch in einer Region von unserem Gehirn wohnen und als Teilpersönlichkeit immer noch real sind. Manchmal kann das sehr freudvoll sein, aber da wir als Kinder nur selten alle unsere Bedürfnisse erfüllt bekommen haben, sind diese Kinder oft hungrig. Wie oft haben wir uns in unserem Überleben bedroht gefühlt, weil wir uns nicht geliebt gefühlt haben, weil wir verlassen wurden, weil einfach Menschen aus unserem Leben gegangen sind, die wir geliebt haben. Wie oft hat das Kind, was wir einmal waren, geweint und ist nicht getröstet worden. Wie oft sind wir für unsere Tränen ausgelacht worden? Wie oft wollten wir einfach in den Arm genommen werden und eine Hand spüren, die uns den Rücken streichelt, eine Stimme hören, die uns versichert, dass alles wieder gut wird. Doch wie oft sind unsere Sorgen und Ängste nicht ernst genommen worden und uns wurde gesagt, dass wir uns nicht so anstellen sollen oder dass ein Indianer keinen Schmerz kenne. Aber wer von uns war schon ein Indianer? Die Schmerzen, der Kummer und unsere Nöte waren da und wurden nicht gesehen. Wir haben dann still unsere Tränen geweint und unsere Sorgen runtergeschluckt mitsamt den Gefühlen, die wir nicht fühlen wollten. Und da sind sie noch, wohnen in den Untiefen unserer Seele und treiben dort ihr Unwesen und kommen in den verschiedensten Momenten wieder zum Vorschein. Wir alle kennen diese Situationen, in denen wir uns mit unserem Partner streiten und wir uns fast selbst nicht mehr erkennen, weil wir auf einmal nicht mehr erwachsen und überlegt handeln, sondern eben wie ein kleines Kind reagieren, dem man gerade das Spielzeug weggenommen hat. Und es ist auch die Stimme des inneren Kindes, die sich da zu Wort meldet. Die Stimme, die Angst davor hat, dass sie nicht mehr geliebt werden könnte, weil wir Streit haben; die Stimme, die Angst davor hat, verlassen zu werden. Die Stimme, die einfach nur in den Arm genommen werden möchte, aber die Erfahrung gemacht hat, dass sie das nicht bekommt. Wir alle haben diese Angst davor, nicht geliebt und verlassen zu werden - mehr oder weniger stark ausgeprägt. Als Kind hat das sehr viel Stress in uns ausgelöst, denn wenn ein Kind nicht mehr geliebt und verlassen wird, bedeutet es natürlich den Tot, weil es sich nicht selbst versorgen kann. Und ein Teil von uns verspürt diese Todesangst noch immer und reagiert darauf völlig irrational. Eine gute Möglichkeit, damit umzugehen ist sich einfach die Zeit zu nehmen und sich vorzustellen, wir würden uns liebevoll um unser inneres Kind kümmern und es fragen, was es gerade braucht. Welche Bedürfnisse hat es, die gerade nicht gestillt werden? Dann stell dir vor, wie du deinem inneren Kind genau das gibst. Wenn du dir immer wieder Zeit nimmst, auf dein inneres Kind einzugehen, werden die inneren Wunden mit der Zeit heilen und du kommst immer seltener in diese Situationen, in denen das verletzte Ich deines inneren Kindes aus dir herausbrüllt. Dazu müssen wir nur unser aktuelles Erwachsenen-Ich mit unserem inneren Kind in Kontakt bringen. Dadurch kann Heilung geschehen, wenn sich der Erwachsene liebevoll und fürsorglich um dieses Kind kümmert. Du kannst auch jetzt noch der erwachsene Freund und Berater sein, den du dir als Kind immer gewünscht hast, wenn du dich klein und hilflos gefühlt hast. Dadurch befreist du dich selbst aus dem Gefängnis der inneren Isolation, das du dir selbst gebaut hast und alte Wunden können endlich heilen.

Hundert Wege zur Heilung des inneren Kindes:

1. Fühle dich wieder in deine Kindheit ein und erinnere dich zuerst an die vielen schönen Dinge, die du als Kind erlebt hast. Worin konntest du dich verlieren und welchen Tätigkeiten konntest du ewig nachgehen, ohne dass dir langweilig wurde?
Wenn dir spontan nichts in den Sinn kommt, kannst du auch alte Fotos anschauen, alte Märchen lesen oder ein Hörspiel hören, was dich emotional wieder in die alten Zeiten zurück versetzt.
Was hast du besonders gerne gemacht? Tanzen, malen, singen, verkleiden, auf Bäume klettern, lesen, Geschichten erzählen …
Überlege dir dann, wie du diesen Dingen wieder mehr Raum geben kannst, damit du vorsichtig wieder in Kontakt mit dem inneren Kind kommen und ihm jeden Tag eine Freude bereiten kannst.

2. Du begegnest deinem Kind in einer Meditation. Dazu setzt oder legst du dich ganz bequem hin und beobachtest zunächst einfach nur deinen Atem. Du lässt ihn ganz locker fließen und lässt mit jedem Ausatmen etwas von deiner Spannung gehen. Wenn du dich vollkommen entspannt fühlst, bittest du dein inneres Kind zu dir zu kommen. Was siehst du jetzt für eine Szene vor dir? Wo bist du und wie alt ist dein inneres Kind? Wie sieht es aus? Wie fühlt es sich? Ist es glücklich, wütend, traurig, enttäuscht oder einsam? Rede ein bisschen mit ihm und frage nach, wie es ihm geht und was es sich jetzt von dir wünschen würde. Möchte es in den Arm genommen und gestreichelt

werden, getröstet, mit dir auf eine Schaukel, auf einen Baum klettern oder vielleicht ein Abenteuer erleben? Gib ihm in der Meditation das, was es gerne von dir hätte. Triff dich von nun an häufiger mit deinem inneren Kind in einer Meditation.

3. Du begegnest deinem inneren Kind im Herzensraum.
Diese Technik finde ich persönlich besonders schön und sehr kraftvoll, da ich der Meinung bin, dass unser Herz und die darin wohnende Liebe die stärkste Kraft ist, die wir besitzen. Wir beginnen auch hier wieder damit, uns zu entspannen. Wenn du ein paar tiefe Atemzüge genommen hast, stellst du dir vor, wie du selbst immer kleiner wirst und du siehst schließlich eine Miniversion von dir, die in dein Herz passt, direkt in einen Herzensraum, wo du dich mit deinem inneren Kind, was genauso klein ist wie du selbst, triffst. Gestalte diesen Raum ganz nach deinen Wünschen. Wähle dafür Farben, die dir gefallen, platziere dort Dinge, die du magst und eine Einrichtung, die dir Freude macht.
Du fragst auch hier wieder nach, wie es deinem inneren Kind geht und was es braucht. Dadurch, dass die Begegnung in deinem Herzen stattfindet, wird es automatisch eine sehr liebevolle Begegnung sein.

4. Triff dich auch im Alltag mit ihm, indem du dir vorstellst, es begleitet dich tagsüber. Erklär ihm, was du tust und gib ihm das Gefühl, dass du es annimmst und es immer dabei sein darf und es sich nicht mehr

verstecken und sein Dasein in der Schattenwelt fristen muss.

Du kannst es auch fragen, was es gerne essen oder machen würde und so ein paar Stunden oder sogar den ganzen Tag so gestalten, wie es sich dein inneres Kind wünscht. Davon kannst du sehr profitieren, weil es dich selbst wieder kreativer und spielerischer werden lässt.

5. Falls es dir schwerfällt, dir das vorzustellen, dann schreib deinem inneren Kind einfach einen Brief, in dem du ihm sagst, wie großartig es ist, dass du es liebst und wie stolz du auf es bist. Sag ihm die Dinge, die du als Kind so gerne gehört hättest, um dich rundum sicher und geliebt zu fühlen. Stelle ihm auch wieder die Fragen danach, was es sich von dir wünscht und was es braucht. Damit dir dein Verstand dabei möglichst wenig in die Quere kommt, kann es sinnvoll sein, die Hand zu wechseln. Schreibe dir Frage mit deiner dominanten Hand, also mit der Hand, mit der du immer schreibst und wechsle für die Antwort den Stift in die andere Hand. Dadurch hast du einen direkteren Zugang zu deinem Unterbewusstsein, also der Instanz in dir, die alles über dich weiß.

6. Du kannst mit deinem inneren Kind auch so im Wachbewusstsein ohne Meditation in den Dialog gehen. Entweder kannst du dir dich selbst und das innere Kind vorstellen, wie sie sich gegenüber stehen und unterhalten oder zwei Stühle bereitstellen, von denen der eine für dich als Erwachsenen und der an-

dere für dein inneres Kind reserviert ist. Beginne damit, dich auf den Stuhl für den Erwachsenen zu setzen und erzähle dem inneren Kind, warum du da bist und alles, was du spontan auf dem Herzen hast. Wenn du das Gefühl hast, dein inneres Kind möchte antworten, wechsle den Stuhl und antworte für dein inneres Kind. So kannst du dich mit deinem Kind unterhalten. Dann setze dich wieder in den Erwachsenen-Stuhl und stelle dem Kind eine Frage. Du kannst den Dialog ganz nach deinen Wünschen gestalten, gehe aber unbedingt auf die deines inneren Kindes ein.

7. Du kannst auch über deine Gefühle eine Verbindung zu deinem inneren Kind herstellen. Wir haben ja schon gesehen, dass unsere Gefühle sehr oft einen kindlichen Anteil haben und sie aus alten Zeiten stammen, in denen wir als Kind noch völlig hilflos und ausgeliefert waren. Diese Gefühle sind der direkte Draht zu diesen unerlösten Anteilen in dir. Das innere Kind, was sich verletzt und alleingelassen gefühlt hat.
Gerade unsere schmerzhaftesten Gefühle, die uns am meisten quälen, haben ihre Wurzeln in der Kindheit und wurden von uns am stärksten unterdrückt, weil wir sie nie wieder fühlen wollen. Es scheint so, als könnten wir diese Gefühle nicht verkraften, aber Gefühle haben nicht die Kraft, uns umzubringen. Wenn du sie zulässt und einmal richtig mit ihrer kompletten Intensität spürst, kannst du sie auflösen. Lasse dich komplett von dem Gefühl erfassen, mitreißen und davon tragen. Spüre genau, wo in deinem Körper es

sitzt und was es mit dir macht. Nimmt es dir die Luft zum Atmen, macht es deinen Hals eng? Lässt es Übelkeit in dir aufsteigen?

Stelle dir dann die Frage, wann du dieses Gefühl zum allerersten Mal gespürt hast und warte die Antwort ab. Siehst du vielleicht eine Szene vor dir? Wie alt bist du da? Was ist vorgefallen? Wie siehst du aus?

Nimm alles so intensiv wie nur möglich wahr. Dann betrittst du die Szene als der Erwachsene, der du heute bist. Du gehst zu deinem inneren Kind und gibst ihm das, was es braucht. Du wirst intuitiv wissen, was es ist. Nimm es in den Arm, tröste es und sag ihm die Dinge, die es hören muss und sofort wird sich das unangenehme Gefühl in dir auflösen.

Jetzt frag nach, was es machen will. Möchte dein Kind jetzt lachen, spielen, singen, abhauen, etwas kaputt machen? Tue es in Gedanken, ohne es zu bewerten.

Sobald ihr damit fertig seid, frage dein inneres Kind, ob es jetzt mit dir mitgehen oder zurückbleiben möchte und tue auch da wieder, was es sich wünscht.

Wenn es mitgeht, bringe es an einen sicheren Ort wie einen großen Garten mit einer bunten Blumenwiese, wo es herumtollen kann, oder auf einen Spielplatz oder was dir intuitiv als erstes in den Sinn kommt.

26. Wie finde ich meine Ressourcen und was ist mein Geschenk für die Welt?

Wüssten wir nicht alle gerne, was uns wirklich liegt, worin wir besonders gut sind und was uns im Vergleich mit anderen Menschen wirklich besonders macht?

Dass wir jemand ganz Besonderes sind und mit einer besonderen Gabe auf die Welt gekommen sind, soviel steht fest, aber die wenigsten leben sie wirklich aus, weil sie nicht wissen, was es ist, weil sie sich so mit anderen Dingen wie Arbeiten und Geldverdienen ablenken, dass viel zu wenig Zeit bleibt, um sich um die wirklich wichtigen Dinge im Leben Gedanken zu machen. Aber es steckt in uns allen. Die Indianer sagen, wir kommen alle mit einer Gabe auf die Welt, mit einer Medizin, mit der wir die Welt heilen können. Aber wenn wir unser Geschenk nicht in die Welt bringen, dann vergiftet es uns von innen. Vielleicht ist das der Grund, warum immer mehr Menschen an Burnout leiden, weil unsere nicht gelebte Wahrheit so einen Stress in uns erzeugt, dass wir von innen heraus verbrennen. Möglicherweise ist diese innere Vergiftung einer der Gründe für Depressionen oder andere Zivilisationskrankheiten. Wir haben alles, sind aber doch innerlich leer und unzufrieden, weil wir unsere Mission nicht erfüllen. Wir verschwenden unsere Ressourcen für Dinge, die uns nicht wirklich berühren. Schenken unsere Lebenskraft für Dinge her, die wir gar nicht brauchen und die uns auch nicht wichtig sind. Wenn wir hingegen unsere Bestimmung leben, steht uns nahezu unendliche Energie zur Verfügung.

Wie können wir unsere Fähigkeiten, die wir die ganze Zeit unterdrückt haben, zwischen den ganzen anderen Dingen, die gar nicht wirklich wir sind, wiederfinden?

Hundert Wege, wie du deine Medizin finden kannst:

1. Eine schöne Methode dafür ist zum Beispiel, ein Ressourcenwunschkonzert zu machen. Man fragt sich einfach, welche Fähigkeiten man gerne hätte. Dabei ist es wichtig, sich keine Grenzen zu setzen. Einfach wild drauflosschreiben und wenn möglich auch ruhig maßlos übertreiben, spinnen und träumen. Es können auch Dinge dabei sein, die vielleicht nicht ohne weiteres möglich sind, z. B. so etwas wie an Häusern hochklettern wie Spiderman. Das macht aber nichts, denn vielleicht kommst du darüber auch an Dinge wie Klettern und gehst mal in einer Kletterhalle und leitest mal für Freunde eine Tour in den Alpen, wenn du richtig gut darin bist.
Wenn du das alles aufgeschrieben hast, frag dich, woran du es merken würdest, dass du diese Fähigkeit hast und woran es andere merken würden.

2. Du kannst dich natürlich auch fragen, was dir besonders leicht- fällt. Was hast du als Kind schon gerne gemacht? Welche Fächer mochtest du in der Schule besonders gerne und was ist dir leicht- gefallen? Gab es eine Tendenz? Waren es Sprachen, Sport, Musik, Kunst, Mathe oder sowas wie Geschichte und Politik? Oder vielleicht auch alles zusammen?

3. Was macht dir besonders großen Spaß? Vielleicht sogar so viel Spaß, dass du dabei die Welt um dich herum vergisst und du in einen Flow kommst? Bei mir ist das zum Beispiel ganz oft, wenn ich eine Mas-

sage gebe. Ich versinke total darin, bin komplett entspannt und Zeit und Raum scheinen nicht mehr zu existieren. Was ist es bei dir, was für dich die Welt stillstehen und dich eins sein lässt mit dem Universum? Was kreiert für dich diese magischen Momente?

4. Was ist es, was du anderen beibringen kannst? Vielleicht bitten dich ja deine Kollegen oder Freunde immer um einen Gefallen, weil du etwas besonders gut kannst? Geburtstagskarten schreiben, ein Fest organisieren, Fotos machen …

5. Damit du dich und das, was dir wichtig ist, wieder richtig spüren kannst und du dich wieder daran erinnerst, wer du wirklich bist und was du für ein Mensch warst, bevor deine Umwelt angefangen hat, dir zu sagen, wer du sein solltest, ist es natürlich auch sehr wichtig, Zeit mit dir zu verbringen. Schalte dazu für eine gewisse Zeit alle Ablenkungen aus, die dich von dir entfernen. Dann kannst du dich hinsetzen und meditieren, raus in die Natur gehen, ein Bad nehmen oder etwas anderes tun, was dir Freude macht, dich aber ganz mit dir alleine lässt. Ein Buch lesen oder einen Film schauen gilt dabei natürlich nicht, weil du ja eine Verabredung nur mit dir selbst hast.

6. Wie schon im Laufe des Buches erwähnt, liebe ich Fragen. Wenn ich etwas wissen will, dann frage ich und bleibe einfach offen, ohne eine Antwort zu forcieren. Das Leben schickt dir früher oder später immer eine Antwort in der einen oder anderen Form. Es kann einfach eine Antwort in deinem Kopf entstehen,

jemand spricht davon und du bekommst es zufällig mit, du hörst einen Podcast und dein Thema ist auch zufällig dort Thema etc. Denke also nicht, du müsstest die Antwort unbedingt selbst finden. Antworten gibt es überall, wenn man die Frage einmal in den Raum gestellt hat und sich einfach dafür öffnet. Deine Frage könnte sein: Wer bin, wenn ich einfach ich bin? Welche Talente und Fähigkeiten schlummern in mir, derer ich mir noch gar nicht bewusst bin? Wenn jetzt eine gute Fee kommen und mich verzaubern würde, so dass ich alle Talente hätte, die ich mir wünsche, welche wären das dann? Das ist nur eine kleine Auswahl. Sei kreativ und stelle die Frage so, dass du Freude damit hast. Um das geht es ja, dass du Freude hast und diese Freude an andere weitergeben kannst. Und weder du noch andere haben richtig Freude an dir, wenn du dich mit deiner angelernten Mittelmäßigkeit zufriedengibst. Da ist so viel mehr in dir, was entdeckt werden möchte.

Damit du das alles auch richtig ausleben kannst, ist es wichtig, dass du auch auf alle Ressourcen zugreifst, die sich außerhalb von dir befinden. Gibt es Dinge, die dir Energie rauben? Hasst du es zum Beispiel total, deine Wohnung zu putzen? Dann lasse das doch jemand anderen tun! Du kannst ihm entweder Geld dafür geben oder etwas anderes für ihn tun, was dir Spaß macht und dem anderen guttut. Sei dir bewusst, dass es für alles eine Lösung gibt und stelle einfach eine Frage und du wirst die Antwort finden. Frage zum Beispiel: Wie komme ich zu einer immer schön geputzten Wohnung, ohne dafür Geld ausgeben zu müssen?

Schaue dir die verschiedenen Bereiche deines Lebens an und frage dich, ob dich alles zufriedenstellt oder ob du da vielleicht einmal ausmisten könntest, damit Energien frei fließen können.

Gibt es dort vielleicht Menschen, die du besser loslassen solltest, weil sie dir nicht guttun?

Hebst du viele alte Erinnerungen auf und hast vielleicht ganz viele Fotos von Situationen, in denen du dich gar nicht wohl gefühlt hast? Weg damit! Umgib dich nur mit Dingen, die dir Freude machen und nicht mit Häkeldeckchen und hässlichen Vasen von Tante Frieda, die du eigentlich nicht ausstehen kannst. Weg mit Tante Frieda und den Spuren, die sie hinterlassen hat.

Wie sieht es mit deiner Arbeit aus? Liebst du, was du tust? Wenn nicht, frage dich, wie du Dinge ändern kannst, um deine Arbeit zu lieben, oder mache etwas anderes.

Wie sieht es mit Freunden aus? Hast du genau die, die sich für dich freuen, wenn du Erfolg hast und die für dich da sind, wenn es dir nicht gutgeht oder gibt es da eine paar Energievampire, die dich aussaugen und dir nur von Krankheiten und den schlimmen Dingen auf dieser Welt erzählen? Wenn du solche "Freunde" hast: weg damit! Es gibt so viele tolle Menschen auf dieser Welt, die sich schon darauf freuen, dich kennenzulernen. Die anderen sind nur Zeit- und Energieverschwendung.

Bist du genug draußen in der Natur? Plane genug Zeit dafür ein, denn dort können wir unser Akkus aufladen wie nirgendwo anders.

Lachst du häufig genug? Wenn nicht, dann wird es Zeit! Lachen ist gesund und verlängert unsere Lebenszeit!

Kümmerst du dich um dein wunderschönes Gefährt, was du mit auf die Erde bekommen hast? Sorge dafür, dass sich dein Körper leicht und geschmeidig anfühlt, denn alles andere sorgt auch wieder dafür, dass er dich mit Schmerzen oder schlechten Gefühlen von dir ablenkt.

Wie sieht es mit deiner finanziellen Stabilität aus? Hast du genug Geld beiseitegelegt, so dass du dir darum keine Gedanken zu machen brauchst?

Lebst du in einer stabilen Beziehung, die dich trägt und wo du dich respektiert, akzeptiert, beschützt, verstanden und geborgen fühlst?

Bist du zufrieden mit deinem Aussehen?

Entspannst du dich ausreichend?

Hast du Visionen, Ziele und Ideen, die dich antreiben und dich morgens schon vor dem Wecker aus deinem Bett springen lassen?

Falls du bei einer der Fragen gewisse Defizite entdecken solltest, lade ich dich ein, in dem Bereich nochmal liebevoll zu schauen, was du da noch genau Gutes für dich tun kannst.

27. Was ist der Sinn meines Lebens und wie kann ich ihn finden?

Für manche scheint der Sinn des Lebens vorwiegend aus Party, saufen, arbeiten, ein Haus bauen, Kinder großziehen, Sex, äußerem Erfolg, in den Urlaub fahren oder sich über das Leben von anderen Menschen Gedanken zu machen zu bestehen. Wir leben oftmals gar nicht, sondern funktionieren nur noch. Das stumpft uns ab und wir haben oftmals keine Gefühle mehr und müssen sie uns durch große Reize wie Fallschirmspringen oder Ritzen holen oder töten unsere Gefühle willentlich dadurch ab, indem wir uns von uns selbst ablenken durch sehr viel Fernsehen, Alkohol-Trinken, exzessiven Sport, Computerspielen etc. Dabei können wir nur durch das Fühlen den Kontakt zu uns selbst aufnehmen. Die Gefühle fungieren wie ein fein abgestimmter Seismograph, der uns zu unserem Sinn führen kann. Der Sinn ist dort, wo die Lebensfreude ist. Alles, was wir lieben und unser Herz zum Singen bringt, das ist wertvoll und macht Sinn für uns.

Wenn wir unseren Sinn aus den Augen verloren haben, haben wir bis zu diesem Zeitpunkt vergessen, wer wir wirklich sind, uns verleugnet und komplett unbewusst gelebt. Es gilt also, wieder selbstbewusst zu werden im Sinne von *unserer selbst bewusst*.

Schon Mark Twain sagte:

„Die beiden wichtigsten Tage deines Lebens sind der Tag, an dem du geboren wurdest und der Tag, an dem du herausfindest, warum."

Du wurdest definitiv nicht dafür geboren, um einen Job zu machen, der dir ein bisschen liegt, eine Beziehung zu haben, die ganz selten mal ein bisschen schön ist und auch sonst einfach nur dahinzutreiben, bis du an der Endstation Sarg angekommen bist.

Hundert Wege, um den Sinn deines Lebens zu finden:

Wenn du also wirklich wissen willst, was der Sinn deines Lebens ist, dann kannst du folgende Dinge tun:

1. Deine Gefühle wieder fühlen. Der Sinn ist dort, wo die Freude ist.

2. Gehe in die Stille. Entweder in eine Meditation oder in die Natur. Sei einfach mit dir komplett alleine und gib deiner inneren Stimme die Chance gehört zu werden.

3. Fokussiere nicht deine Schwächen, sondern konzentriere dich auf deine Stärken und tue die Dinge, die dich erfüllen. Dadurch verstärkst du sie. Wenn du deine Energie auf deine Schwächen richtest, machst du diese noch stärker.

4. Akzeptiere dich so, wie du bist und lasse den Gedanken zu, dass du perfekt bist, so wie du bist. Du bist zur richtigen Zeit am richtigen Ort und tust die Dinge im genau passenden Tempo.

5. Nimm auch die Situationen als perfekt an, so wie sie sind, denn sie gehören zu deinem Leben auch genauso dazu. Und wenn wir unsere Bewertung rausnehmen und alles einfach so annehmen, wie es ist, dann werden wir schon deswegen viel glücklicher.

6. Folge deinen Interessen und verbringe deine kostbare Zeit möglichst viel mit Dingen, die dir ganz viel Freude bereiten.

7. Erfahre die Welt mit all deinen Sinnen. Dadurch lebst du intensiver und die Welt wird gleichzeitig viel bunter. Und wer weiß, ob das Wort „Sinn" nicht tatsächlich von unseren Sinnen kommt und die Dinge erst Sinn machen, wenn wir sie mit all unseren Sinnen erfahren.

8. Dazu gehört auch, dass du von deinem Kopf wieder mehr in deinen Körper gehst. Vom Verstand in dein Bauchgefühl, was sowieso viel intelligenter ist, weil es viel mehr Fakten auf einmal erfassen kann, als dein Kopf es jemals könnte.

9. Erlebe jeden Tag etwas Neues. Dadurch stellst du dich deinen Ängsten und hast immer wieder eine neue Herausforderung und du fühlst dich wieder so richtig lebendig. Es scheint so zu sein, dass die Zeit als erwachsener Mensch anders empfunden wird, als wenn wir Kinder sind. Zeit vergeht als Erwachsener wesentlich schneller, was daran liegt, dass wir so viele Routinen haben und alles schon einmal erlebt wurde, während Kinder jeden Tag viele neue Dinge tun. Entweder, weil sie ihnen einfach noch nie begegnet sind, oder aber, weil sie total Lust darauf haben, immer wieder neue Dinge zu probieren. Ist das nicht auch eine Form von Lebensfreude und ein gewisser Hunger, das Leben voll und ganz in all seinen Facetten wahrzunehmen und zu spüren? Wenn du deine

Zeit also damit verbringst, immer wieder viele neue Dinge zu probieren, ist das ziemlich clever, denn du lebst viel intensiver und die Zeit vergeht nicht so schnell. Mir kommt manchmal ein Monat vor wie ein ganzes Jahr, weil ich so gerne neue Dinge ausprobiere. Ich probiere einfach so gerne etwas aus. Ich ernähre mich mal vegan oder nur mit Rohkost, probiere ein polyphasisches Schlafmuster aus, habe eine Serie von Lampen entworfen, die ich aus Flaschen gemacht habe, mache Möbel oder Schmuck selber etc. Du kannst auch einfach damit anfangen, mal einen anderen Weg zur Arbeit zu fahren. Du erlebst dein Leben viel bewusster und schaltest viel seltener auf Autopilot. Kennen wir das nicht alle, dass wir manchmal mit dem Auto zur Arbeit gefahren sind und nicht mehr wissen, wie wir eigentlich angekommen sind, weil der Autopilot unser Leben übernommen hat? Sorge dafür, dass es wieder viel mehr bewusste Momente gibt, indem du neue Dinge probierst.

10. Lerne immer wieder neue Orte und Menschen kennen. Reise um die Welt, am besten mit ganz wenig oder keinem Geld, denn das bringt dich in intensiven Kontakt mit dir selbst, fördert dein Urvertrauen und du triffst die interessantesten Menschen und erlebst die besten Abenteuer. Ganz anders als all-inclusive weckt es deine Lebenslust.

11. Erschaffe dir ein Netzwerk mit ganz vielen tollen Menschen, die interessante Dinge tun. Entweder haben sie auch ganz viel Spaß an neuen Dingen, sind ganz empfindsame Herzensmenschen, voller Hunger

auf das Leben oder so erfolgreich wie du gerne mal sein möchtest. Egal wer sie sind oder woher sie kommen, sie hinterlassen auf jeden Fall ein schönes Gefühl bei dir. Nach einem Treffen fühlst du dich energiegeladen. Ihr habt tolle Gespräche und sie bringen dich in irgendeiner Form weiter. Auf keinen Fall sind es Menschen, die jammern, alles schlimm finden und sich in ihren Krankheiten ergehen.

12. Ein weiterer wichtiger Punkt ist - wie könnte es anders sein - die Liebe. Viele Philosophen sagen, dass der einzige Sinn im Leben ist, zu lieben und geliebt zu werden. Wahrscheinlich liegt darin mal wieder zu Schlüssel zu allem. Arbeit, die du liebst, macht Sinn, ein Ort, den du liebst, tankt dich auf genauso wie die Gegenwart von Menschen, die du liebst. Wenn du dich und alle Mitmenschen und Mitwesen liebst, erschaffst du damit einen Zauber, der deine Welt komplett verändert. Wenn du dich fragst, wie du die Welt und dich mit liebenden Augen betrachten kannst, frage dich einfach: Was würde die Liebe jetzt sehen? Wenn du etwas Liebevolles tun möchtest, aber in alten wenig liebevollen Emotionen festhängst, frage dich: Was würde die Liebe jetzt tun?

28. Wer möchte ich gewesen sein, wenn ich diese Welt verlasse?

Das ist in meinen Augen eine der kraftvollsten Fragen, die man sich stellen kann, weil es so deutlich macht, was du in diesem Leben wirklich möchtest.

Hundert Wege zu deinem wahren Ziel:

Gehe gedanklich zum Zeitpunkt deines Todes vor und stelle dir die Frage, wer du gewesen sein möchtest, wenn du diese Welt verlässt. Schaue auf dein Leben zurück und du wirst wissen, worum es in diesem Leben wirklich geht und wofür du hier angetreten bist. Es ist ziemlich wahrscheinlich, dass es etwas anderes ist, als den ganzen Tag nur fernzusehen und in den teuersten Designerklamotten rumzulaufen. Du hast eine Mission und es gibt einen Grund, warum du genau jetzt und hier auf dieser Welt bist. Du hast etwas in dir, was genau jetzt und hier gebraucht wird. Du bist ein wichtiges Puzzleteilchen, was zu dem Gesamtkunstwerk einen entscheidenden Beitrag leistet. Bitte nimm das ernst und wisse, dass dein Sein wichtig ist und du unbedingt das ausliefern solltest, weswegen du hier bist. Oftmals denken wir, wir sind so klein, dass wir nichts bewirken können, aber genau das Gegenteil ist der Fall. Wir sind viel größer, stärker und einflussreicher, als wir denken. Wir können einen wesentlichen Unterschied auf dieser Erde machen. Was hättest du in deinem Leben gerne? Wie sieht dein ganz persönliches Paradies aus und welche Schritte kannst du jetzt machen, um dein bisheriges Leben zu diesem Paradies zu machen?

Und wenn du es gefunden hast, dann gehe JETZT los. Mache JETZT den ersten Schritt. Oft kommt es uns so unbedeutend vor, was wir jetzt gerade tun oder erreichen können, weil wir glauben, dass es in diesem Moment kaum einen Unterschied macht. Aber gerade die vielen kleinen Dinge machen am Ende unser Leben zum Paradies. Stell dir zum Beispiel vor, du möchtest unbedingt eine bestimmte Sprache lernen und du bist jeden Morgen 20 Minuten mit dem Auto zur Arbeit unterwegs. Da könntest du also jeden Tag auf dem Hin- und Rückweg jeweils 20 Minuten diese Sprache lernen. Das sind 40 Minuten am Tag und fast 3,5 Stunden in der Woche, 14 Stunden im Monat etc. Du könntest dich schon nach kurzer Zeit super in der Sprache unterhalten, ohne dass du großen Aufwand dabei hast. Und du siehst, was es in kurzer Zeit für einen Unterschied macht. Du könntest auch eine kürzere Zeit nehmen, wie zum Beispiel die fünf Minuten, die du auf dem Klo sitzt und in der Zeit Vokabeln lernen. Auch das macht am Ende des Tages, der Woche oder des Monats einen Unterschied. Gehe jetzt los und mache viele kleine Schritte zu dem Leben, was du dir wünschst. Du weißt, jede Reise beginnt mit dem ersten Schritt …

Alle Prinzipien auf einen Blick

1. Alles ist einfach und in der Einfachheit liegt die Genialität. (Seite 16)
2. Stelle Fragen und halte Ausschau nach den Antworten. (Seite 16)
3. Sei ganz dabei. (Seite 28)
4. Sei ökonomisch. (Seite 29)
5. Sei achtsam und im Augenblick, denn nur hier findet das Leben statt. (Kapitel 3)
6. Achte darauf, dass dein Messer nicht stumpf wird oder handle ökonomisch.
7. Nutze die Ressourcen, die dir zur Verfügung stehen, komplett aus.
8. Atem ist leben und ich kann durch ihn jegliche Form von Stress, Emotionen und Schmerz kontrollieren (Kapitel 6)
9. Liebe ist die stärkste Kraft.(Kapitel 7)
10. Energie gewinnt
11. Die Natur strebt nach Ausgleich und Harmonie. (Seite 14)

Mustertagesablauf

- Steh so auf, dass du morgens auf jeden Fall noch genug Zeit für dich hast.
- Stelle dir folgende Fragen, um den Tag wirklich zu deinem zu machen:
    - Worauf freue ich mich heute?
    - Wofür bin ich dankbar?
    - Wen kann ich heute überraschen? (zum Beispiel mit einem Kompliment, einem kleinen Geschenk etc.)
- Sorge dafür, dass du deinem Körper genug Wasser zur Verfügung stellst!
- Achte darauf, dass du deinem Körper stets die Nahrung zur Verfügung stellst, aus der er die meiste Energie gewinnen kann.
- Achte an den Übergängen zwischen Tätigkeiten immer darauf, eine Intention für die nächste Tätigkeit zu setzen. Frage dich, wie du dich während der nächsten Tätigkeit fühlen möchtest und was du erreichen willst.
- Sei achtsam und so oft wie möglich im Augenblick.
- Bewege dich, so oft es geht.
- Meditiere!

Nachwort

Du hast also tatsächlich durchgehalten und dieses
Buch bis zum Ende gelesen. Das freut mich sehr.
Ich hoffe, dass es deinen Blickwinkel etwas verändern
konnte und du viel Spaß beim Lesen und Probieren
hattest.
Dieses Buch ist nur das erste einer ganzen Reihe und
es sind noch viele weitere Titel geplant wie:

The Breathiator
The Moviator
The Relationator
The Resiliator
The Massagiator
The Optimator
The Creativiator
The Fightiator
The Activator
The Writiator
The Meditator
The Procastinator
The Enjoyiator
The Impressiator
The Manipulator
The Femaliator
The Happiator
The Successiator
The Changiator
The Transformator
uvm.

Wenn du Lust auf ein bestimmtes Thema hast, dann lass es mich bitte wissen. Auch über Feedback von dir und einen persönlichen Kontakt freue ich mich sehr. Schreib mir doch eine E-Mail unter **kathrin@hundertwege.de**, verbinde dich mit mir über Facebook unter **Hundert Wege** oder folge mir auf Instagram unter **hundertwege**.

Natürlich habe ich auch eine Website: **hundertwege.de**

Und wenn ich dich durch ein Gespräch unterstützen kann, habe ich auch eine Rufnummer, unter der ich telefonische Beratungen anbiete: **0900-100 9343**

Ich wünsche dir von Herzen alles Liebe

Deine Kathrin

Danksagung

An dieser Stelle möchte ich all den lieben Menschen in meinem Leben danken, die mich, in welcher Form auch immer, unterstützt und so zur Entstehung dieses Buches beigetragen haben.

An erster Stelle stehen natürlich meine Eltern, die mir das wertvollste Geschenk gemacht haben, was man sich vorstellen kann: mein Leben. Sie haben mich bestens darauf vorbereitet und mir alle Werkzeuge an die Hand gegeben, die es braucht, um dieses Leben hervorragend zu meistern.

Danke an meine Omi, von der ich meinen starken Willen habe.

Danke an meine allerliebste Maike, die mich schon, seit ich 12 bin durch mein manchmal etwas chaotisches Leben begleitet und immer für mich da ist.

Danke an Vanessa, die wie der Mond ist: Man sieht sie nicht immer, aber sie ist immer da.

Danke an alle meine lieben Freunde wie Jasmin, Sandra, Gabi, Nicole, Oliver und all die anderen wertvollen Menschen, die mir tagtäglich begegnen.

Vielen Dank an Andrea für das tolle Coverdesign und André für das superschnelle Korrektorat.

Danke an Andreas für das Foto und die Geduld bei der Aufnahme mit dem wohl schlechtesten Modell der Welt.

Danke an Familie Ortlieb, die mir nicht nur einen superschönen Arbeitsplatz, sondern auch ein Zuhause gegeben hat.

Danke an Steffen, den wohl strukturiertesten Chef, den man sich vorstellen kann.

Und vielen Dank an alle anderen, mit denen ich gerne Zeit verbringe, wie meinen Trainer Michael, den Jungs und Mädels vom Systema und Ninjutsu, meinen Kollegen aus dem Physio-Team am Campingplatz und aus dem Büro.

Über die Autorin

Kathrin Hundert wurde 1978 in Osnabrück geboren und wuchs dort auf.

Es war schon immer offensichtlich, dass sie Heilpraktikerin werden wollte, aber da man die amtsärztliche Prüfung erst mit 25 ablegen kann, war klar, dass sie nach dem Abitur erst einmal etwas anderes machen musste. Sie ging dann für ein Freiwilliges Soziales Jahr nach England, wo sie einen querschnittsgelähmten Mann betreute. Da sie keinen Platz für ein Psychologie-Studium bekam, machte sie eine Ausbildung zur Masseurin und medizinischen Bademeisterin an der Uniklinik in Essen sowie eine Ausbildung zur Wellnesstrainerin. Sie arbeitete danach in verschiedenen 5-Sterne-Hotels. Weil ihr das aber zu wenig war, hat sie nebenbei noch Betriebswirtschaft an der Bad Harzburger Managerschule studiert, bevor sie 2003 nach Freiburg kam und dort endlich die Ausbildung zur Heilpraktikerin absolvieren konnte. Es folgten Ausbildungen als psychologische Beraterin, Kosmetikerin,

Burnout-Beraterin, Beraterin in Sexualtherapie u. v. m.

Sie liebt es, sich immer wieder in verschiedene Methoden und Themengebiete einzuarbeiten und jeden Tag etwas Neues zu lernen, zu lesen und zu entdecken.